再改訂版 賃貸住宅の原状回復をめぐるトラブル事例とガイドライン

編著◆(一財)不動産適正取引推進機構

大成出版社

再改訂に当たって

　賃貸住宅の退去時における原状回復について、その範囲や費用負担をめぐってトラブルが急増し、大きな問題となっていたため、原状回復に係る契約関係、費用負担等のルールのあり方を明確にして、賃貸住宅契約の適正化を図っていく必要があることから、当時の建設省（現、国土交通省）において、「原状回復をめぐるトラブルとガイドライン」が平成10年に取りまとめられ、平成16年には、ガイドラインが公表されて5年が経過したことから、裁判例を追加するなど所要の改訂が行われました。

　その後も、敷金・保証金等の返還、原状回復、管理業務を巡るもの等多様な問題が存在していたことから、今般、国土交通省において、①契約書に添付する原状回復の条件に関する様式等の追加、②残存価値割合の変更、③Ｑ＆Ａ、裁判事例の追加など所要の再改訂が行われました。

　本書は、「原状回復をめぐるトラブルとガイドライン（再改訂版）」の内容を網羅するとともに、上記①の様式の解説を含む今回の再改訂の内容についての解説、更にガイドラインには含まれていない最近の原状回復に関する裁判例の概要を掲載する等の改訂を行いました。

　本書が、賃貸借契約の当事者である賃貸人や賃借人、それを媒介する媒介業者、管理をする管理業者の皆さんや消費生活センターをけじめとする相談窓口の方々など多くの人に積極的に活用され、トラブルの未然防止と円滑な解決に役立てられることを期待いたします。

平成23年8月

財団法人　不動産適正取引推進機構

総 目 次

［Ⅰ］　原状回復をめぐるトラブルとガイドライン（再改訂版）……（巻頭）

［Ⅱ］　原状回復をめぐるトラブルとガイドライン（再改訂版）　解説 …183

［Ⅲ］　参考資料 ……………………………………………………………197

[Ⅰ]

原状回復をめぐるトラブルとガイドライン
（再改訂版）

平成23年8月

国土交通省住宅局

このガイドラインを活用いただく皆様へ

　このガイドラインは、トラブルが急増し、大きな問題となっていた賃貸住宅の退去時における原状回復について、原状回復にかかる契約関係、費用負担等のルールのあり方を明確にして、賃貸住宅契約の適正化を図ることを目的に、当時の建設省（現、国土交通省）が平成8年～9年度に「賃貸住宅リフォームの促進方策」の検討について㈶不動産適正取引推進機構に委託し、その中で、「賃貸住宅リフォームの促進方策検討調査委員会（ソフト部会）」（委員長：執行秀幸　国士舘大学法学部教授（当時、現、中央大学法科大学院教授））において平成10年3月に取りまとめ公表されたものです。

　その後も、原状回復をめぐるトラブルはなお増加を続けている状況にあります。このような中で、この原状回復をめぐるトラブルの未然防止と円滑な解決のために、契約や退去の際に賃貸人・賃借人双方があらかじめ理解しておくべき一般的なルール等を示したこのガイドラインが多くの方々に利用されるようになっています。
　平成16年には、ガイドラインが公表されて5年が経過したことから、国土交通省住宅局に設置（平成14年3月）された「賃貸住宅市場整備研究会」（委員長：山崎福寿　上智大学経済学部教授）の下に「賃貸住宅に係る紛争等の防止方策検討ワーキングチーム」（主査：犬塚浩　弁護士）を設け、その後の新しい裁判例を追加するなど所要の改訂を行いました。

　その後も、敷金・保証金等の返還、原状回復、管理業務を巡るもの等多様な問題が存在しており、社会資本整備審議会住宅宅地分科会民間賃貸住宅部会の「最終とりまとめ」（平成22年1月）においても、原状回復ガイドラインを中心としたルールの見直し等が必要との意見があったところです。
　このため、国土交通省では、平成21年度に「民間賃貸住宅の原状回復に関する検討調査委員会」（委員長：升田純　弁護士・中央大学法科大学院法務研究科教授、委員長代理：犬塚浩　弁護士）を設け、本ガイドラインの改定に向け

た基礎的資料の作成や原状回復を巡る課題整理、原状回復のルールの見直し等にむけ検討すべき事項等の検討を行いました。そして、平成22年度には「原状回復ガイドライン検討委員会」(委員長：升田純　弁護士・中央大学法科大学院法務研究科教授、副委員長：犬塚浩　弁護士（参考参照））を設け、記載内容の補足やＱ＆Ａの見直し、新しい裁判例の追加などを行いました。

　本書は、「原状回復にかかるガイドライン」、「トラブルの迅速な解決にかかる制度」、「Ｑ＆Ａ」、「原状回復にかかる判例の動向」、「参考資料」から構成されています。

　本書が、賃貸借契約の当事者である賃貸人や賃借人、それを媒介する媒介業者、管理をする管理業者の皆さんや消費生活センターをはじめとする相談窓口の方々など多くの人に積極的に活用され、トラブルの未然防止と円滑な解決に役立てられることを期待します。

　平成23年8月

国土交通省住宅局

目　　次

このガイドラインを活用いただく皆様へ
　☆　本ガイドラインの位置づけ
　☆　本ガイドラインのポイント

第1章　原状回復にかかるガイドライン……………………3

Ⅰ　原状回復にかかるトラブルの未然防止……………………………3
　1　物件の確認の徹底………………………………………………3
　　　入退去時の物件状況及び原状回復確認リスト（例）………5
　2　原状回復に関する契約条件等の開示…………………………7
　　(1)　賃貸借契約締結時における契約条件の開示等について…7
　　(2)　特約について………………………………………………8
　　(3)　物件・設備の使用上の注意・留意事項の周知について…9
Ⅱ　契約の終了に伴う原状回復義務の考え方………………………10
　1　賃借人の原状回復義務とは何か……………………………10
　　(1)　標準契約書の考え方………………………………………10
　　(2)　本ガイドラインの考え方…………………………………10
　2　建物の損耗等について………………………………………11
　3　賃借人の負担について………………………………………14
　　(1)　賃借人の負担対象事象……………………………………14
　　(2)　経過年数の考え方の導入…………………………………16
　　　①　経過年数………………………………………………16
　　　②　入居年数による代替…………………………………17
　　　③　経過年数（入居年数）を考慮しないもの…………18
　　(3)　賃借人の負担対象範囲……………………………………20
　　　①　基本的な考え方………………………………………20
　　　②　毀損部分と補修箇所にギャップがある場合………20
別表1　損耗・毀損の事例区分（部位別）一覧表（通常、一般的な例示）……………………………………………………………23
別表2　賃借人の原状回復義務等負担一覧表………………………28

別表3　契約書に添付する原状回復の条件に関する様式（例）………………31
別表4　原状回復の精算明細等に関する様式（例）……………………37

第2章　トラブルの迅速な解決にかかる制度 …………41

　1　現行制度の活用…………………………………………………43
　　(1)　少額訴訟手続………………………………………………43
　　(2)　裁判外紛争処理制度………………………………………43
　　　①　調停（相談・あっせん）……………………………………43
　　　②　仲裁…………………………………………………………44
　2　行政機関への相談……………………………………………44
　Q&A ………………………………………………………………47

第3章　原状回復にかかる判例の動向 …………59

　事案及び争点となった部位等……………………………………64
　事例1〜事例42……………………………………………………75

〈参考資料〉

資料1　国民生活センター等における敷金精算をめぐる苦情・相談
　　　　の件数（平成17〜21年度）……………………………………141
資料2　民間賃貸住宅市場の実態調査結果（平成20年）……………142
資料3　少額訴訟手続について……………………………………145
資料4　民事調停の概要……………………………………………147
資料5　賃貸住宅標準契約書………………………………………151
資料6　定期賃貸住宅標準契約書…………………………………168
資料7　資材価格等が掲載されている資料名……………………179
資料8　減価償却資産の耐用年数に関する省令（抄）（昭和40年3
　　　　月31日）（抄）………………………………………………180

☆ 本ガイドラインの位置づけ

　民間賃貸住宅の賃貸借契約については、契約自由の原則により、民法、借地借家法等の法令の強行法規に抵触しない限り有効であって、その内容について行政が規制することは適当ではない。
　本ガイドラインは、近時の裁判例や取引等の実務を考慮のうえ、原状回復の費用負担のあり方等について、トラブルの未然防止の観点からあくまで現時点において妥当と考えられる一般的な基準をガイドラインとしてとりまとめたものである。
　したがって、本ガイドラインについては、賃貸住宅標準契約書（平成5年1月29日住宅宅地審議会答申）と同様、その使用を強制するものではなく、原状回復の内容、方法等については、最終的には契約内容、物件の使用の状況等によって、個別に判断、決定されるべきものであると考えられる。
　もっとも、平成10年3月に本ガイドラインが公表され、平成16年2月に改定版が発行された後も、現下の厳しい社会経済状況を反映する等の理由により、民間賃貸住宅の退去時における原状回復にかかるトラブルの増加が続いており、トラブル解決への指針を示したこのガイドラインへの期待はますます大きくなるものと考えられるところであり、具体的な事案ごとに必要に応じて利用されることが期待される。

☆ 本ガイドラインのポイント

① 　建物の価値は、居住の有無にかかわらず、時間の経過により減少するものであること、また、物件が、契約により定められた使用方法に従い、かつ、社会通念上通常の使用方法により使用していればそうなったであろう状態であれば、使用開始当時の状態よりも悪くなっていたとしてもそのまま賃貸人に返還すれば良いとすることが学説・判例等の考え方であることから、原状回復は、賃借人が借りた当時の状態に戻すものではないということを明確にし、**原状回復を「賃借人の居住、使用により発生した建物価値の減少のうち、賃借人の故意・過失、善管注意義務違反、その他通常の使用を超えるような使用による損耗・毀損（以下「損耗等」という。）を復旧すること」**と定義して、その考え方に沿って基準を策定した。

② 　実務上トラブルになりやすいと考えられる事例について、判断基準をブレ

ークダウンすることにより、賃貸人と賃借人との間の負担割合等を考慮するうえで参考となるようにした。
③　賃借人の負担について、建物・設備等の経過年数を考慮することとし、同じ損耗等であっても、経過年数に応じて負担を軽減する考え方を採用した。

第1章
原状回復にかかるガイドライン

Ⅰ　原状回復にかかるトラブルの未然防止

　本ガイドラインは、原状回復にかかるトラブルの未然防止と迅速な解決のための方策として、まず、賃借人の原状回復義務とは何かを明らかにし、それに基づいて賃貸人・賃借人の負担割合のあり方をできるだけ具体的に示すことが必要であるという観点から、原状回復にかかるガイドラインを作成したものである。

　しかし、ガイドラインは、あくまで負担割合等についての一般的な基準を示したものであり、法的な拘束力を持つものでもないことから、ガイドラインのほかに原状回復にかかるトラブルの未然防止となりうるような実務的な方策も必要である。

　そこで、賃貸借契約の「出口」すなわち退去時の問題と捉えられがちである原状回復の問題を、「入口」すなわち入居時の問題として捉えることを念頭において、入退去時の物件の確認等のあり方、契約締結時の契約条件の開示をまず具体的に示すこととした。

　こうした対応策を的確に採り入れ、賃貸人が賃借人に対して原状回復に関する内容の説明を十分に行うとともに、賃貸人と賃借人の双方が原状回復に対する正しい認識を共有することにより、原状回復にかかるトラブルの未然防止が効果的になされることが期待される。

1　物件の確認の徹底

　原状回復をめぐるトラブルの大きな原因として、入居時及び退去時における損耗等の有無など、物件の確認が不十分であることがあげられる。著しく短期の賃貸借でない限り、入居時において退去の際のことまで想定することは困難であるという実態があるが、更新が前提（定期借家契約の場合は合意により再契約が可能）であり、長期にわたることが一般的な居住用建物の賃貸借契約においては、当事者間の記憶だけではあいまいとなり、損耗等の箇所、発生の時期など事実関係の有無等をめぐってトラブルになりやすい。

このため、事実関係を明確にし、トラブルを未然に防止するため、入居時及び退去時に次項のようなチェックリストを作成し、部位ごとの損耗等の状況や原状回復の内容について、当事者が立会いのうえ十分に確認することが必要であると考えられる。この場合、損耗等の箇所、程度についてよりわかりやすく、当事者間の認識の差を少なくするためには、具体的な損耗の箇所や程度といった物件の状況を平面図に記入したり、写真を撮るなどのビジュアルな手段を併せて活用することも重要である。
　なお、こうしたチェックリストなどは、後日トラブルとなり、訴訟等に発展した場合でも証拠資料になりうるため、迅速な解決のためにも有効であると考えられる。

第1章 原状回復にかかるガイドライン●5

入退去時の物件状況及び原状回復確認リスト（例）

入居時・退去時物件状況確認リスト

物件名		住戸番号	
所在地		TEL（ ） －	
借主氏名		貸主氏名	
契約日　年　月　日	入居日　年　月　日	退去日　年　月　日	
転居先住所		転居先TEL（ ） －	

場所	箇所	入居時			退去時		修繕 要/不	交換 要/不	負担 要/不
		損耗	交換年月	具体的な状況	損耗	具体的な状況			
玄関・廊下	天井	有・無			有・無				
	壁	有・無			有・無				
	床	有・無			有・無				
	玄関ドア	有・無			有・無				
	鍵	有・無			有・無				
	チャイム	有・無			有・無				
	下駄箱	有・無			有・無				
	照明器具	有・無			有・無				
	郵便受け	有・無			有・無				
台所・食堂・居間	天井	有・無			有・無				
	壁	有・無			有・無				
	床	有・無			有・無				
	流し台	有・無			有・無				
	戸棚類	有・無			有・無				
	換気扇	有・無			有・無				
	給湯機器	有・無			有・無				
	電気・ガスコンロ	有・無			有・無				
	照明器具	有・無			有・無				
	給排水設備	有・無			有・無				
浴室	天井・壁・床	有・無			有・無				
	ドア	有・無			有・無				
	風呂釜	有・無			有・無				
	浴槽	有・無			有・無				
	シャワー	有・無			有・無				
	給排水設備	有・無			有・無				
	照明・換気扇	有・無			有・無				
	タオル掛け	有・無			有・無				
洗面所	天井・壁・床	有・無			有・無				
	ドア	有・無			有・無				
	洗面台	有・無			有・無				
	洗濯機置場	有・無			有・無				
	給排水設備	有・無			有・無				
	照明器具	有・無			有・無				
	タオル掛け	有・無			有・無				
トイレ	天井・壁・床	有・無			有・無				
	ドア	有・無			有・無				
	便器	有・無			有・無				
	水洗タンク	有・無			有・無				
	照明・換気扇	有・無			有・無				
	ペーパーホルダー	有・無			有・無				

場所	箇所	入居時 損耗	入居時 交換年月	入居時 具体的な状況	退去時 損耗	退去時 具体的な状況	修繕 要/不	交換 要/不	負担 要/不
個室	天井	有・無			有・無				
	壁	有・無			有・無				
	床	有・無			有・無				
	間仕切り	有・無			有・無				
	押入・天袋	有・無			有・無				
	外回り建具	有・無			有・無				
	照明器具	有・無			有・無				
個室	天井	有・無			有・無				
	壁	有・無			有・無				
	床	有・無			有・無				
	間仕切り	有・無			有・無				
	押入・天袋	有・無			有・無				
	外回り建具	有・無			有・無				
	照明器具	有・無			有・無				
個室	天井	有・無			有・無				
	壁	有・無			有・無				
	床	有・無			有・無				
	間仕切り	有・無			有・無				
	押入・天袋	有・無			有・無				
	外回り建具	有・無			有・無				
	照明器具	有・無			有・無				
その他	エアコン	有・無			有・無				
	スイッチ・コンセント	有・無			有・無				
	バルコニー	有・無			有・無				
	物干し金具	有・無			有・無				
	TV・電話端子	有・無			有・無				

〈備考〉

☆入居時　上記の通り物件各箇所の状況について点検し、確認しました。
　　　　　平成　年　月　日　　　　　　　　　　平成　年　月　日
　　借主氏名　　　　　　　　　　印　　貸主氏名　　　　　　　　　　印
　　　　　　　　　　　　　　　　　　　　　　　　平成　年　月　日
　　管理業者名及び
　　確認担当者氏名　　　　　　　　　　　　　　　　　　　　　　　　印

☆退去時　上記の通り物件各箇所の状況について点検し、確認しました。
　　　　　平成　年　月　日　　　　　　　　　　平成　年　月　日
　　借主氏名　　　　　　　　　　印　　貸主氏名　　　　　　　　　　印
　　　　　　　　　　　　　　　　　　　　　　　　平成　年　月　日
　　管理業者名及び
　　確認担当者氏名　　　　　　　　　　　　　　　　　　　　　　　　印

※入居時には、賃貸人・賃借人の双方の視点で当該物件の部屋および部位ごとに「箇所」を確認し、「損耗」の有無に〇を付け、「交換年月」を記入する。そしてその損耗の具体的な状況を適宜記入する（写真等に撮影して添付する等より具体的にすることが望ましい）。
※退去時には、入居時に記入した状況等をもとに、賃貸人・賃借人の双方の視点で物件の部屋および部位ごとに「箇所」を確認し、損耗等の有無や具体的な状況、修繕等の要否を適宜記入する。
※Q＆AのQ１参照。
※なお、原状回復のトラブル防止には、本表による損耗等の確認だけではなく、賃貸人、賃借人の双方が原状回復に対する正しい理解と、日常的な清掃や用法の遵守など使用上の注意を合わせて確認することも重要である（Q＆AのQ５、Q10参照）。

2 原状回復に関する契約条件等の開示

　現行、賃貸借における原状回復に関する契約条件等の開示については、特に法的な規制はなされていない。宅地建物取引業法では、宅地建物取引業者が賃貸借の代理、媒介を行う場合、重要事項説明項目として、解約時の敷金等の精算に関する事項の説明が義務付けられているが、契約時にその内容が決定していない場合には、その旨説明すればよいこととなっている。

　ところで、原状回復にかかる費用は、入居当初には発生しないものの、いずれ賃借人が一定に負担する可能性のあるものであり、賃料や敷金などと同様にその内容、金額等の条件によっては、賃貸借契約締結の重要な判断材料となる可能性がある。こうしたことからも、原状回復の問題は、単に契約終了時だけでなく、賃貸借契約当初の問題としてとらえる必要がある。

　このため、賃貸人・賃借人の修繕負担、賃借人の負担範囲、原状回復工事施工目安単価などを明記している原状回復条件を契約書に添付し、賃貸人と賃借人の双方が原状回復条件についてあらかじめ合意しておくことが重要である。その際の様式については、別表3（P.31参照）を参考に積極的に活用されることが望ましい。なお、原状回復工事施工目安単価は、あくまでも目安として把握可能な単価について、可能な限り記述していくことが望まれるものであり、「例外としての特約」の内容としては、例えば、「クロス張替費用（居室内でのペット飼育を認めるため）」などが想定される。

(1) 賃貸借契約締結時における契約条件の開示等について

　① 賃貸借契約書は「賃貸住宅標準契約書」（以下「標準契約書」という。）や本ガイドラインの示す一般的な基準を参考に作成されているが、一部ではこれ以外の契約書も使われている。

　　いずれの契約書であれ、その内容については、賃貸人・賃借人双方の十分な認識のもとで合意したものでなければならない。一般に、賃貸借契約書は、貸手側で作成することが多いことから、トラブルを予防する観点からは、賃貸人は、賃借人に対して、**本ガイドラインを参考に、明け渡しの際の原状回復の内容等を具体的に契約前に開示し、賃借人の十分な確認を得たうえで、双方の合意により契約事項として取り決める必要がある。**

② 宅地建物取引業者が賃貸借を媒介・代理をするとき、当該業者は、重要事項説明における「解約時の敷金等の精算に関する事項」には、原状回復にかかる事項が含まれるものであることを認識しておく必要がある。
　さらに、賃貸借契約書の作成に際し、原状回復の内容等について、標準契約書や本ガイドライン等を参考にしてその作成を行い、そのうえで、媒介・代理をする宅地建物取引業者は、重要事項及び契約事項として契約当事者に十分に説明することが望まれる。

(2) 特約について
　賃貸借契約については、強行法規に反しないものであれば、特約を設けることは契約自由の原則から認められるものであり、一般的な原状回復義務を超えた一定の修繕等の義務を賃借人に負わせることも可能である。しかし、判例等においては、一定範囲の修繕（小修繕）を賃借人負担とする旨の特約は、単に賃貸人の修繕義務を免除する意味しか有しないとされており、経年変化や通常損耗に対する修繕業務等を賃借人に負担させる特約は、賃借人に法律上、社会通念上の義務とは別個の新たな義務を課すことになるため、次の要件を満たしていなければ効力を争われることに十分留意すべきである。

【賃借人に特別の負担を課す特約の要件】
① 特約の必要性があり、かつ、暴利的でないなどの客観的、合理的理由が存在すること
② 賃借人が特約によって通常の原状回復義務を超えた修繕等の義務を負うことについて認識していること
③ 賃借人が特約による義務負担の意思表示をしていること

　特に、最高裁判例では、「建物の賃貸借においては、賃借人が社会通念上通常の使用をした場合に生ずる賃借物件の劣化又は価値の減少を意味する通常損耗に係る投下資本の減価の回収は、通常、減価償却費や修繕費等の必要経費分を賃料の中に含ませてその支払を受けることにより行われている。そうすると、建物の賃貸人にその賃貸借において生ずる通常損耗及び経年変化についての原状回復義務を負わせるのは、賃借人に予期しない特別の負担を課すことに

なるから、賃借人に同義務が認められるためには、少なくとも、賃借人が補修費用を負担することになる通常損耗及び経年変化の範囲が賃貸借契約書の条項自体に具体的に明記されているか、仮に賃貸借契約書では明らかでない場合には、賃貸人が口頭により説明し、賃借人がその旨を明確に認識し、それを合意の内容としたものと認められるなど、その旨の通常損耗補修特約が明確に合意されていることが必要であると解するのが相当である」との判断が示されている。

　また、消費者契約法では、その9条1項1号で「当該消費者契約の解除に伴う損害賠償の額の予定」等について、「平均的な損害の額を超えるもの」はその超える部分で無効であること、同法10条で「民法、商法」等による場合に比し、「消費者の権利を制限し、又は消費者の義務を加重する消費者契約の条項であって、消費者の利益を一方的に害するものは、無効とする」と規定されている。

　したがって、仮に原状回復についての特約を設ける場合は、その旨を明確に契約書面に定めた上で、賃借人の十分な認識と了解をもって契約することが必要である。また、客観性や必要性については、例えば家賃を周辺相場に比較して明らかに安価に設定する代わりに、こうした義務を賃借人に課すような場合等が考えられるが、限定的なものと解すべきである。

　なお、金銭の支出を伴う義務負担の特約である以上、賃借人が義務負担の意思表示をしているとの事実を支えるものとして、特約事項となっていて、将来賃借人が負担することになるであろう原状回復等の費用がどの程度のものになるか、単価等を明示しておくことも、紛争防止のうえで欠かせないものであると考えられる。

　このほか、特約に関する具体的な解説については、Q&AのQ3（P.48）、Q16（P.57）を参照されたい。

(3)　物件・設備の使用上の注意・留意事項の周知について

　　賃貸住宅の居住ルールなどについては、「使用細則」、「入居のしおり」などによって周知されている場合が多いが、その際に、原状回復に関係する物件・設備についての使用上の注意・留意事項についてもあわせて周知することが、原状回復にかかるトラブルの未然防止にも役立つものと考えられる。具体的には、用法の順守、日常的な手入れや清掃等の善管注意義務、設備の使用上の注意事項などを盛り込み、周知することが考えられる。

II 契約の終了に伴う原状回復義務の考え方

1 賃借人の原状回復義務とは何か

(1) 標準契約書の考え方

標準契約書では、建物の損耗等を次の2つに区分している。
① 賃借人の通常の使用により生ずる損耗
② 賃借人の通常の使用により生ずる損耗以外の損耗

これらについて、標準契約書は、①については賃借人は原状回復義務がないと定め、②については賃借人に原状回復義務があると定めている。したがって、損耗等を補修・修繕する場合の費用については、①については賃貸人が負担することになり、②については賃借人が負担することになる。

なお、原状回復の内容・方法、①と②すなわち通常損耗分とそれ以外の区分については当事者間の協議事項とされている。

(2) 本ガイドラインの考え方

本ガイドラインでは、建物の損耗等を建物価値の減少と位置づけ、負担割合等のあり方を検討するにあたり、理解しやすいように損耗等を次の3つに区分した。

表1 建物価値の減少の考え方

①—A 建物・設備等の自然的な劣化・損耗等（経年変化）
①—B 賃借人の通常の使用により生ずる損耗等（通常損耗）
② 賃借人の故意・過失、善管注意義務違反、その他通常の使用を超えるような使用による損耗等

このうち、本ガイドラインでは②を念頭に置いて、原状回復を次のように定義した。

表2　原状回復の定義

> 原状回復とは、賃借人の居住、使用により発生した建物価値の減少のうち、賃借人の故意・過失、善管注意義務違反、その他通常の使用を超えるような使用による損耗・毀損を復旧すること

　したがって、損耗等を補修・修繕する場合の費用については、②の賃借人の故意・過失、善管注意義務違反、その他通常の使用を超えるような使用による損耗等について（詳細については別表1のB欄（P.23～27）およびQ&AのQ10（P.52）を参照のこと）、賃借人が負担すべき費用と考え、他方、例えば次の入居者を確保する目的で行う設備の交換、化粧直しなどのリフォームについては、①－A、①－Bの経年変化及び通常使用による損耗等の修繕であり、賃貸人が負担すべきと考えた。
　このほかにも、震災等の不可抗力による損耗、上階の居住者など該当賃借人と無関係な第三者がもたらした損耗等が考えられるが、これらについては、賃借人が負担すべきものでないことは当然である。

2　建物の損耗等について

　前述のように、建物価値の減少にあたる損耗等を分類し、定義しても、結局は具体の損耗等が表1①－Aの「経年変化」または①－Bの「通常損耗」に該当するのか、表1②の「故意・過失、善管注意義務違反等による損耗等」に該当するのかが判然としていないと、原状回復をめぐるトラブルの未然防止・解決には役立たない。
　標準契約書の解説等では、通常損耗について、具体的な事例として畳の日焼け等を示すにとどまっているが、そもそも、生活スタイルの多様化等により、「通常の使用」といってもその範囲はきわめて広く、判断基準そのものを定義することは困難である（図1）。
　そこで、本ガイドラインでは、国民生活センター等における個別具体の苦情・相談事例の中で、通常損耗か否かの判断でトラブルになりやすいと考えられるものを取り上げて検討し、一定の判断を加えることとした。

図1　判例、標準契約書等の考え方

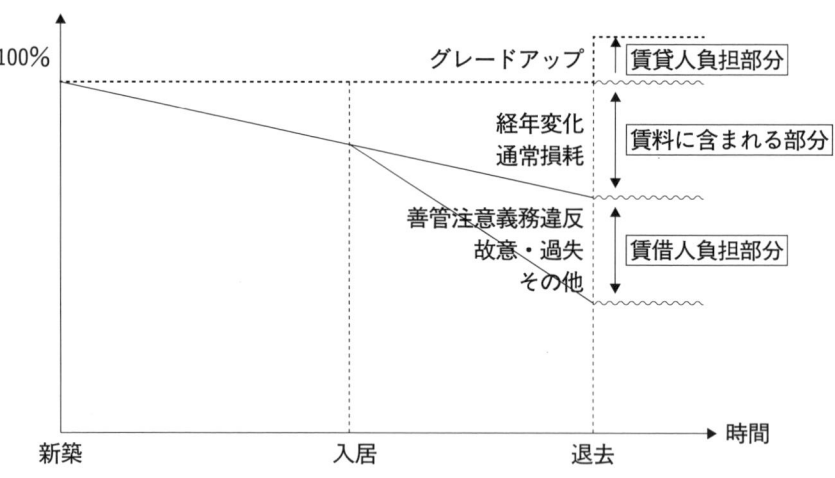

＊グレードアップ：退去時に古くなった設備等を最新のものに取り替える等の建物の
価値を増大させるような修繕等

第1章　原状回復にかかるガイドライン

事例の区分

事例のうち建物価値の減少ととらえられるものを、
- Ａ　：賃借人が通常の住まい方、使い方をしていても発生すると考えられるもの
- Ｂ　：賃借人の住まい方、使い方次第で発生したりしなかったりすると考えられるもの（明らかに通常の使用等による結果とはいえないもの）
- Ａ（＋Ｂ）：基本的にはＡであるが、その後の手入れ等賃借人の管理が悪く、損耗等が発生または拡大したと考えられるもの

の３つにブレークダウンして区分した。
　その上で、建物価値の減少の区分としてはＡに該当するものの、建物価値を増大させる要素が含まれているものを、Ａ（＋Ｇ）に区分した（図２）（別表１）。

図２　損耗・毀損事例の区分

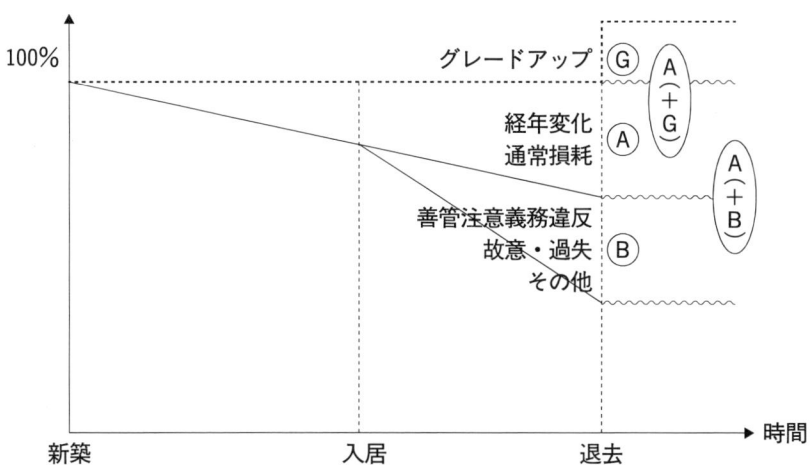

3　賃借人の負担について

(1) 賃借人の負担対象事象

上記区分による建物価値の減少に対する修繕等の費用の負担者は、次のとおりとなる。

Ａ：賃借人が通常の住まい方、使い方をしていても発生すると考えられるものは、表１①－Ａの「経年変化」か、表１①－Ｂの「通常損耗」であり、これらは賃貸借契約の性質上、賃貸借契約期間中の賃料でカバーされてきたはずのものである。したがって、賃借人はこれらを修繕等する義務を負わず、この場合の費用は賃貸人が負担することとなる。

Ａ(＋Ｇ)：賃借人が通常の住まい方、使い方をしていても発生するものについては、上記のように、賃貸借契約期間中の賃料でカバーされてきたはずのものであり、賃借人は修繕等をする義務を負わないのであるから、まして建物価値を増大させるような修繕等（例えば、古くなった設備等を最新のものに取り替えるとか、居室をあたかも新築のような状態にするためにクリーニングを実施する等、Ａに区分されるような建物価値の減少を補ってなお余りあるような修繕等）をする義務を負うことはない。したがって、この場合の費用についても賃貸人が負担することとなる。

Ｂ：賃借人の住まい方、使い方次第で発生したりしなかったりすると考えられるものは、表１②の「故意・過失、善管注意義務違反等による損耗等」を含むこともあり、もはや通常の使用により生ずる損耗とはいえない。したがって、賃借人には原状回復義務が発生し、賃借人が負担すべき費用の検討が必要になる。

Ａ(＋Ｂ)：賃借人が通常の住まい方、使い方をしていても発生するものであるが、その後の手入れ等賃借人の管理が悪く、損耗が発生・拡大したと考えられるものは、損耗の拡大について、賃借人に善管注意義務違反等があると考えられる。したがって、賃借人には原状回復義務が発生し、賃借人が負担すべき費用の検討が必要になる。

なお、これらの区分は、あくまで一般的な事例を想定したものであり、個々の事象においては、Ａに区分されるようなものであっても、損耗の程度

等により実体上Bまたはそれに近いものとして判断され、賃借人に原状回復義務が発生すると思われるものもある。したがって、こうした損耗の程度を考慮し、賃借人の負担割合等についてより詳細に決定することも可能と考えられる。

　しかしながら、現時点においては、損耗等の状況や度合いから負担割合を客観的・合理的に導き出すことができ、かつ、社会的にもコンセンサスの得られた基準等が存在していないこと、また、あまりにも詳細な基準は実務的にも煩雑となり、現実的でないことから、本ガイドラインにおいては、程度の差に基づく詳細な負担割合の算定は行っていない。

(2) 経過年数の考え方の導入
① 経過年数

上記のように、事例区分BやA（＋B）の場合には、賃借人に原状回復義務が発生し、賃借人が負担する費用の検討が必要になるが、この場合に修繕等の費用の全額を賃借人が当然に負担することにはならないと考えられる。

なぜなら、Bの場合であっても、経年変化・通常損耗は必ず前提になっており、経年変化・通常損耗の分は、賃借人は賃料として支払ってきているところで、賃借人が明け渡し時に負担すべき費用にならないはずである。したがって、このような分まで賃借人が明け渡しに際して負担しなければならないとすると、経年変化・通常損耗の分が賃貸借契約期間中と明け渡し時とで二重に評価されることになるため、賃貸人と賃借人間の費用負担の配分について合理性を欠くことになる。

また、実質的にも、賃借人が経過年数1年で毀損させた場合と経過年数10年で毀損させた場合を比較すると、後者の場合は前者の場合よりも大きな経年変化・通常損耗があるはずであり、この場合に修繕費の負担が同じであるというのは賃借人相互の公平をも欠くことになる。

そこで、賃借人の負担については、建物や設備等の経過年数を考慮し、年数が多いほど負担割合を減少させることとするのが適当である。

経過年数による減価割合については、従前より「法人税法」（昭和40年3月31日法律第34号）及び「法人税法施行令」（昭和40年3月31日政令第97号）における減価償却資産の考え方を採用するとともに、「減価償却資産の耐用年数等に関する省令」（昭和40年3月31日大蔵省令第15号）における経過年数による減価割合を参考にして、償却年数経過後の残存価値は10％となるようにして賃借人の負担を決定してきた。しかしながら、平成19年の税制改正によって残存価値が廃止され、耐用年数経過時に残存簿価1円まで償却できるようになったことを踏まえ、例えば、カーペットの場合、償却年数は、6年で残存価値1円となるような直線（または曲線）を描いて経過年数により賃借人の負担を決定する。よって、年数が経つほど賃借人の負担割合は減少することとなる（図3）。

なお、経過年数を超えた設備等を含む賃借物件であっても、賃借人は善良な管理者として注意を払って使用する義務を負っていることは言うまで

もなく、そのため、経過年数を超えた設備等であっても、修繕等の工事に伴う負担が必要となることがあり得ることを賃借人は留意する必要がある。具体的には、経過年数を超えた設備等であっても、継続して賃貸住宅の設備等として使用可能な場合があり、このような場合に賃借人が故意・過失により設備等を破損し、使用不能としてしまった場合には、賃貸住宅の設備等として本来機能していた状態まで戻す、例えば、賃借人がクロスに故意に行った落書きを消すための費用（工事費や人件費等）などについては、賃借人の負担となることがあるものである。

図3　設備等の経過年数と賃借人負担割合（耐用年数6年及び8年・定額法の場合）
賃借人負担割合（原状回復義務がある場合）

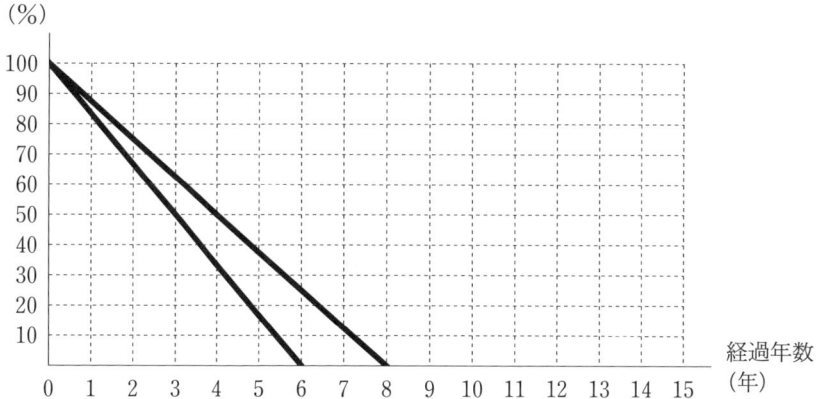

② 入居年数による代替

　経過年数の考え方を導入した場合、新築物件の賃貸借契約ではない場合には、実務上の問題が生じる。すなわち、設備等によって補修・交換の実施時期はまちまちであり、それらの履歴を賃貸人や管理業者等が完全に把握しているケースは少ないこと、入居時に経過年数を示されても賃借人としては確認できないことがある。

　他方、賃借人がその物件に何年住んだのかという入居年数は、契約当事者にとっても管理業者等にとっても明確でわかりやすい。

　そこで本ガイドラインでは、経過年数のグラフを、入居年数で代替する方式を採用することとした。この場合、入居時点の設備等の状況は、必ず

しも価値100％のものばかりではないので、その状況に合わせて経過年数のグラフを下方にシフトさせて使用することとする（図4）。

入居時点の状態でグラフの出発点をどこにするかは、契約当事者が確認のうえ、予め協議して決定することが適当である。例えば、入居直前に設備等の交換を行った場合には、グラフは価値100％が出発点となるが、そうでない場合には、当該賃貸住宅の建築後経過年数や個々の損耗等を勘案して1円を下限に適宜グラフを決定することとなる。

なお、賃借人は賃貸物を善良な管理者として注意を払って使用する義務を負っていることは前述①の考え方と同様である。

図4　入居時の状態と賃借人負担割合（耐用年数6年、定額法の場合）
賃借人負担割合（原状回復義務がある場合）

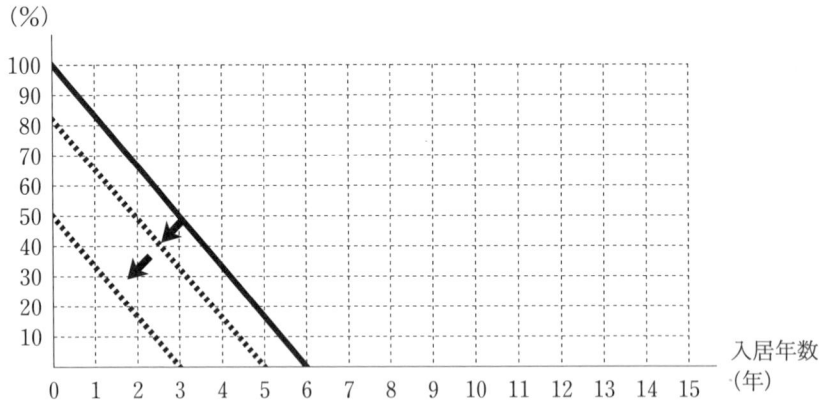

※入居時の設備等の状態により、左方にシフトさせる。新築や交換、張替えの直後であれば、始点は（入居年数、割合）＝（0年、100％）となる。

③　経過年数（入居年数）を考慮しないもの

もっとも、建物本体と同様に長期間の使用に耐えられる部位であって、部分補修が可能な部位、例えば、フローリング等の部分補修については、経過年数を考慮することにはなじまないと考えられる。なぜなら、部分補修としたうえに形式的に経過年数を考慮すると、賃貸人にとっては不合理な結果となるからである。

フローリングを例にとると、補修を部分的に行ったとしても、将来的に

は全体的に張替えるのが一般的であり、部分補修がなされたからといって、フローリング全体としての価値が高まったと評価できるものではない（つぎはぎの状態になる）。よって、部分補修の費用全額を賃借人が負担しても、賃貸人が当該時点におけるフローリングの価値（経年変化や通常損耗による減少を考慮した価値）を超える利益を獲得することにはならないので、経過年数を考慮する必要はない。むしろ、形式的に経過年数を考慮すると、部分補修の前後を通じてフローリングの価値は同等であると評価できるのに、賃貸人が費用の負担を強いられるという意味で不合理である。したがって、こうした部位等については、経過年数を考慮せず、部分補修費用について毀損等を発生させた賃借人の負担とするのが妥当であると考えられる。（なお、フローリング全体にわたっての毀損によりフローリング全体を張り替えた場合は、経過年数を考慮するのが適当である。）

　また、襖紙や障子紙、畳表といったものは、消耗品としての性格が強く、毀損の軽重にかかわらず価値の減少が大きいため、減価償却資産の考え方を取り入れることにはなじまないことから、経過年数を考慮せず、張替え等の費用について毀損等を発生させた賃借人の負担とするのが妥当であると考えられる。（減価償却資産のうち、使用可能期間が1年未満のもの又は取得価額が10万円未満のものなどは「消耗品」とし、減価償却ではなく必要経費として処理することができるとされている。）

(3) 賃借人の負担対象範囲
　① 基本的な考え方
　　　原状回復は、毀損部分の復旧であることから、可能な限り毀損部分に限定し、毀損部分の補修工事が可能な最低限度を施工単位とすることを基本とする。したがって、賃借人に原状回復義務がある場合の費用負担についても、補修工事が最低限可能な施工単位に基づく補修費用相当分が負担対象範囲の基本となる。

　② 毀損部分と補修箇所にギャップがある場合
　　　賃借人の負担対象範囲で問題となるのが、毀損部分と補修工事施工箇所にギャップがあるケースである。例えば、壁等のクロスの場合、毀損箇所が一部であっても他の面との色や模様あわせを実施しないと商品価値を維持できない場合があることから、毀損部分だけでなく部屋全体の張替えを行うことが多い。
　　　この場合に問題となるのが、「賃借人の居住、使用により発生した建物価値の減少のうち、賃借人の故意・過失、善管注意義務違反による損耗・毀損を復旧すること」である原状回復の観点から、賃借人にどのような範囲でクロスの張替え義務があるとするかということである。
　　　この点、当該部屋全体のクロスの色や模様が一致していないからといって、賃貸借の目的物となりえないというものではなく、当該部屋全体のクロスの色・模様を一致させるのは、賃貸物件としての商品価値の維持・増大という側面が大きいというべきで、その意味ではいわゆるグレードアップに相当する部分が含まれると考えられる。したがって、当該部屋全体のクロスの張替えを賃借人の義務とすると、原状回復以上の利益を賃貸人が得ることとなり、妥当ではない。
　　　他方、毀損部分のみのクロスの張替えが技術的には可能であっても、その部分の張替えが明確に判別できるような状態になり、このような状態では、建物価値の減少を復旧できておらず、賃借人としての原状回復義務を十分果たしたとはいえないとも考えられる。したがって、クロス張替えの場合、毀損箇所を含む一面分の張替費用を、毀損等を発生させた賃借人の負担とすることが妥当と考えられる（このように賃借人の負担範囲を大きくしても、経過年数を考慮すれば、金銭的な負担は不当なものとはならな

いと考えられる）。

　このように毀損部分と補修箇所に大きな差異が生じるような場合は、補修工事の最低施工可能範囲、原状回復による賃貸人の利得及び賃借人の負担を勘案し、当事者間で不公平とならないようにすべきである（別表 2 ）。

図5　原状回復の費用算定の手順（イメージ）

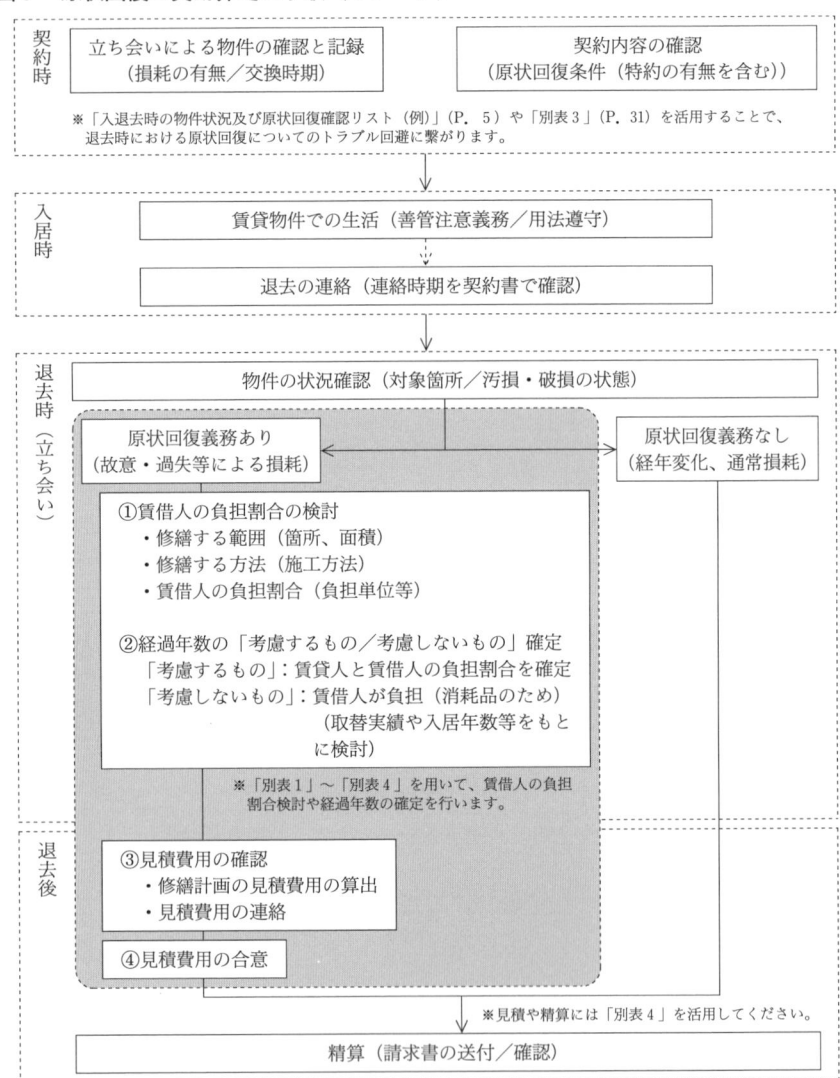

契約時

- 立ち会いによる物件の確認と記録（損耗の有無／交換時期）
- 契約内容の確認（原状回復条件（特約の有無を含む））

※「入退去時の物件状況及び原状回復確認リスト（例）」（P.5）や「別表3」（P.31）を活用することで、退去時における原状回復についてのトラブル回避に繋がります。

入居時

- 賃貸物件での生活（善管注意義務／用法遵守）
- 退去の連絡（連絡時期を契約書で確認）

退去時（立ち会い）

物件の状況確認（対象箇所／汚損・破損の状態）

- 原状回復義務あり（故意・過失等による損耗）
- 原状回復義務なし（経年変化、通常損耗）

① 賃借人の負担割合の検討
- 修繕する範囲（箇所、面積）
- 修繕する方法（施工方法）
- 賃借人の負担割合（負担単位等）

② 経過年数の「考慮するもの／考慮しないもの」確定
「考慮するもの」：賃貸人と賃借人の負担割合を確定
「考慮しないもの」：賃借人が負担（消耗品のため）
（取替実績や入居年数等をもとに検討）

※「別表1」～「別表4」を用いて、賃借人の負担割合検討や経過年数の確定を行います。

退去後

③ 見積費用の確認
- 修繕計画の見積費用の算出
- 見積費用の連絡

④ 見積費用の合意

※見積や精算には「別表4」を活用してください。

精算（請求書の送付／確認）

第1章　原状回復にかかるガイドライン●23

別表1　損耗・毀損の事例区分（部位別）一覧表　（通常、一般的な例示）

区分	A		B
	[賃借人が通常の住まい方、使い方をしていても発生すると考えられるもの]	[賃借人のその後の手入れ等管理が悪く、損耗等を発生又は拡大したと考えられるもの]	[賃借人の使い方次第で発生したりしなかったりするもの（明らかに通常の使用による結果とはいえないもの）]
部位	A（＋G）	A（＋B）	
床（畳、フローリング、カーペットなど）	[次の入居者を確保するための化粧直し、グレードアップの要素があるもの] ●畳の裏返し、表替え（特に破損していないが、次の入居者確保のために行うもの） （考え方）入居者の入れ替わりによる物件の維持管理上の問題であり、賃貸人の負担とすることが妥当と考えられる ●フローリングのワックスがけ （考え方）ワックスがけは通常の生活において必ずしも行うとまではいい切れず、物件の維持管理の意味合いが強いことから、賃貸人の負担とすることが妥当と考えられる	●家具の設置による床、カーペットのへこみ、設置跡 （考え方）家具保有数が多いという我が国の実状に鑑み、その設置は必然的なものであり、設置した跡については通常の使用による損耗ととらえるのが妥当と考えられる ●畳の変色、フローリングの色落ち（日照、建物構造欠陥による雨漏りなどで生じたもの） （考え方）日照は通常の生活で避けられないものであり、また、構造上の欠陥は、賃借人には責任はないと考えられる（賃借人が通知義務を怠った場合を除く）。	[賃借人のその後の手入れ等管理が悪く、損耗等を発生又は拡大したと考えられるもの] ●カーペットに飲みこぼし等によるシミ、カビ （考え方）飲みこぼし等をこぼすこと自体は通常の生活の範囲と考えられるが、その後の手入れ不足等で生じたシミ・カビは賃借人の負担により実施するのが妥当と考えられる。 ●冷蔵庫下のサビ跡 （考え方）冷蔵庫に発生したサビが床に付着して拭き掃除等で除去できる程度であれば通常の生活の範囲内と考えられるが、それを放置し、サビ跡等の損傷を与えることは、賃借人の善管注意義務違反に該当する場合が多いと考えられる。	●引越作業で生じたひっかきキズ （考え方）賃借人の善管注意義務違反または過失に該当する場合が多いと考えられる。 ●畳やフローリングの色落ち（賃借人の不注意で雨が吹き込んだことなどによるもの） （考え方）賃借人の善管注意義務違反に該当する場合が多いと考えられる。 ●落書き等の故意による毀損

＊事例は主に発生すると考えられる部分でまとめている（以下同じ）。

24

区分	A		B
	A（＋G） [次の入居者を確保するための化粧直し、グレードアップの要素があるもの]	A（＋B） [賃借人のその後の手入れ等管理が悪く、損耗等を拡大したと考えられるもの]	[賃借人の使い方次第で発生したりしなかったりするもの（明らかに通常の使用による結果とはいえないもの）]
部位	[賃借人が通常の住まい方、使い方をしていても発生すると考えられるもの]		
壁、天井 （クロスなど）	●テレビ、冷蔵庫等の後部壁面の黒ずみ（いわゆる電気ヤケ） （考え方）テレビ、冷蔵庫は通常一般的な生活をしていくうえで必要性が高く、その使用による電気ヤケは通常の使用と考えるのが妥当と考えられる。	●台所の油汚れ （考え方）使用後の手入れが悪く、ススや油が付着している場合は、通常の使用による汚損を超えるものと判断されることが多いと考えられる。 ●結露を放置したことにより拡大したカビ、シミ （考え方）結露は建物の構造上の問題であることが多いが、賃借人が結露が発生しているにもかかわらず、賃貸人に通知もせず、かつ、拭き取るなどの手入れを怠り、壁等を腐食させた場合には、通常の使用による損耗を超えると判断されることが多いと考えられる。	●タバコ等のヤニ・臭い （考え方）喫煙等によりクロス等がヤニで変色したり臭いが付着している場合は、通常の使用による汚損を超えるものと判断されることが多いと考えられる。なお、賃貸物件での喫煙等は用法違反にあたるものと考えられる。 ●壁等のくぎ穴、ネジ穴（重量物をかけるためにあけたもので、下地ボードの張替が必要な程度のもの） （考え方）重量物等の掲示のためのくぎ、ネジ穴は、画鋲等のものに比べて深く、範囲も広いため、通常の使用による損耗を超えると判断されることが多いと考えられる。なお、地震等に対する家具転倒防止等の措置については、予め、賃貸人の承諾、また、くぎ等をネジを使用しない方法等の検討が必要と考えられる。

第1章 原状回復にかかるガイドライン●25

●クーラー（賃貸人所有）から水漏れし、放置したため壁が腐食
（考え方）クーラーの保守は所有者（賃貸人）が実施すべきであり、それを怠った結果、壁等を腐食させた場合には、善管注意義務違反と判断されることが多いと考えられる。

●クーラー（賃貸人所有）から水漏れし、賃借人が放置したため壁が腐食
（考え方）クーラー保守は所有者（賃貸人）が実施するべきものであって水漏れを放置したが、その後の手入れを怠った場合には、通常の使用による損耗を超えると判断される場合が多いと考えられる。

●天井に直接つけた照明器具の跡
（考え方）あらかじめ設置されたコンセントを使用しなかった場合には、明器具の使用による損耗を超えると判断されることが多いと考えられる。

●落書き等の故意による毀損

●壁に貼ったポスターや絵画の跡
（考え方）壁にポスターや絵画等を貼ることによって生じるクロス等の変色は、主に日照などの自然現象による通常の範囲での生活による損耗の範囲であると考えられる。

●エアコン（賃借人所有）設置による壁のビス穴、跡
（考え方）エアコンについても、テレビ等と同様一般的な生活をしていくうえで必需品になってきており、その設置によって生じたビス穴等は通常の損耗と考えられる。

●クロスの変色（日照などの自然現象によるもの）
（考え方）畳等の変色と同様、日照は通常の生活で避けられないものであると考えられる。

●壁等の画鋲、ピン等の穴（下地ボードの張替えは不要な程度のもの）
（考え方）ポスターやカレンダー等の掲示は、通常行われる範囲のものであり、そのために使用した画鋲、ピン等の穴は、通常の損耗と考えられる。

区分	A		B
	[賃借人が通常の住まい方、使い方をしていても発生すると考えられるもの]		[賃借人の使い方次第で発生したりしなかったりするもの(明らかに通常の使用による結果とはいえないもの)]
	A(+G) [次の入居者を確保するための化粧直し、グレードアップの要素があるもの]	A(+B) [賃借人のその後の手入れ等管理が悪く発生、拡大したもの]	
部位			
建具 (襖、柱など)	●網戸の張替え(破損はしていないが次の入居者確保のために行うもの) (考え方)入居者入れ替わりによる物件の維持管理上の問題であり、賃貸人の負担とすることが妥当と考えられる。 ●地震で破損したガラス (考え方)自然災害による損傷であり、賃借人には責任はないと考えられる。 ●網入りガラスの亀裂(構造により自然に発生したもの) (考え方)網入りガラスの加工処理の問題で亀裂が自然に発生した場合は、賃借人には責任はないと考えられる。		●飼育ペットによる柱等のキズ・臭い (考え方)特に、共同住宅におけるペット飼育は未だ一般的ではなく、ペットの躾や尿の後始末などの問題でペットによる柱、クロス等にキズが付いたり臭いが付着している場合は賃借人負担と判断される場合が多いと考えられる。なお、賃貸物件でのペットの飼育が禁じられている場合の飼育は、用法遵守違反にあたるものと考えられる。 ●落書き等の故意による毀損

第1章 原状回復にかかるガイドライン●27

区分	A		B
	[賃借人が通常の住まい方、使い方をしていても発生すると考えられるもの]		[賃借人の使い方次第で発生したりしなかったりするもの（明らかに通常の使用による結果とはいえないもの）]
	A（＋G）[次の入居者を確保するための化粧直し、グレードアップの要素があるもの]	A（＋B）[賃借人のその後の手入れ等管理が悪く、損耗、発生、拡大したと考えられるもの]	
設備、その他（鍵など）	●全体のハウスクリーニング（専門業者による）（考え方）賃借人の通常の清掃（具体的には、ゴミの撤去、掃き掃除、拭き掃除、水回りの掃除、換気扇、レンジ回りの油汚れの除去等）を実施している場合は次の入居者確保のためのものであり、賃貸人負担とすることが妥当と考えられる。●エアコンの内部洗浄（考え方）喫煙等による臭い等が付着していない限り、通常の生活によって付着が付くものではなく、賃借人の管理の範疇を超えていると言い切れず、消毒も賃貸人の負担とすることが妥当と考えられる。●消毒（台所、トイレ）（考え方）消毒は日常の清掃とは異なり、賃貸人の管理の範疇を超えているので、賃貸人負担とすることが妥当と考えられる。●浴槽、風呂釜等の取替え（破損等していないが、次の入居者を確保するためのもの）（考え方）物件の維持管理上の問題であり、賃貸人の負担とするのが妥当と考えられる。	●鍵の取替え（破損、鍵紛失のない場合）（考え方）入居者の入れ替わりによる物件管理上の問題であり、賃貸人の負担とすることが妥当と考えられる。●設備機器の故障、使用不能（機器の寿命によるもの）（考え方）経年劣化による自然損耗であり、賃借人に責任はないと考えられる。	●ガスコンロ置き場、換気扇等の油汚れ、すす（考え方）使用期間中に、その清掃・手入れを怠った結果汚損が生じた場合は、賃借人の善管注意義務違反に該当すると判断されることが多いと考えられる。●風呂、トイレ、洗面台の水垢、カビ等（考え方）使用期間中に、その清掃・手入れを怠った結果汚損が生じた場合は、賃借人の善管注意義務違反に該当すると判断されることが多いと考えられる。
			●日常の不適切な手入れもしくは用法違反による設備の損耗（考え方）賃借人の善管注意義務違反に該当すると判断されることが多いと考えられる。●鍵の紛失、破損による取替え（考え方）鍵の紛失の場合や不適切な使用による破損は、賃借人負担と判断されるものと考えられる。●戸建賃貸宅の庭に生い茂った雑草（考え方）草取りが適切に行われていない場合は、賃借人の善管注意義務違反に該当すると判断されることが多いと考えられる。

別表2　賃借人の原状回復義務等負担一覧表

	賃借人の原状回復義務	工事施工単位（実体）	賃借人の負担単位等	経過年数の考慮等
基本的な考え方	・賃借人の居住・使用により発生した建物価値の減少のうち、賃借人の善管注意義務違反、過失、その他通常の使用を超えるような使用による損耗等を復旧すること。	—	・可能な限り毀損部分に限定し、補修費用相当分となるよう限定的なものとする。この場合、補修工事が最低限可能な施工単位を基本とする。いわゆる模様あわせ、色あわせについては、賃借人の負担とはしない。	・財産的価値の復元という観点から、毀損等を与えた部位や設備の経過年数によって、負担割合は変化する。 ・具体的には、経過年数が多いほど賃借人の負担割合が小さくなるようにする。 ・最終残存価値は1円とし、賃借人の負担割合は最低1円となる。
床（畳、フローリング、カーペットなど）	・毀損部分の補修	・畳：最低1枚単位 ・色合わせを行う場合は当該居室の畳枚数 ・カーペット、クッションフロア：1部屋単位 洗浄等で落ちない汚れ、キズ等の場合は当該居室全体 ・フローリング：最低㎡単位	・畳：原則1枚単位 毀損等が複数枚にわたる場合は、その枚数（裏返しか表替えかは毀損の程度による） ・カーペット、クッションフロア： 毀損等が複数箇所にわたる場合は当該居室全体 ・フローリング： 原則㎡単位 毀損等が複数箇所にわたる場合は当該居室全体	・消耗品に近いものであり、減価償却資産などになじまないので、経過年数は考慮しない。 （畳床、カーペット、クッションフロア） ・6年で残存価値1円となるような直線（または曲線）を想定し、負担割合を算定する。 （フローリング） ・経過年数は考慮しない。ただし、フローリング全体にわたっての毀損によりフローリング床全体の張替えを行った場合は、当該建物の耐用年数（参考資料1参照）で残存価値1円となるような直線を想定し、負担割合を算定する。

第1章　原状回復にかかるガイドライン●29

	賃借人の原状回復義務	工事施工単位（実体）	賃借人の負担単位等	経過年数の考慮等
壁、天井（クロスなど）	・毀損部分の補修	・壁（クロス）：最低m²単位 色、模様あわせを行う場合は当該面または居室全体 ＊タバコ等のヤニや臭いの場合は、一面分または居室全体は張替え（部分補修困難）	・壁（クロス）：m²単位が望ましいが、賃借人が毀損させた箇所を含む一面分までは張替え費用を賃借人負担としてもやむをえないとする。 ＊タバコ等のヤニや臭い、喫煙等によりクロス等が当該居室全体にわたって変色したり臭いが付着した場合のクリーニングまたは張替え費用を全体の負担とすることが妥当と考えられる。	（壁（クロス）） ・6年で残存価値1円となるような直線（または曲線）を想定し、負担割合を算定する。
建具（襖、柱など）	・毀損部分の補修	・襖：最低1枚単位 色、模様あわせを行う場合は当該居室全体の枚数 ・柱：最低1本単位	・襖：1枚単位 ・柱：1本単位	（襖紙、障子紙） ・消耗品であり、減価償却資産とならないので、経過年数は考慮しない。 （襖、障子等の建具部分、柱） ・経過年数は考慮しない。（考慮する場合は当該建物の耐用年数で残存価値1円となるような直線を想定し、負担割合を算定する。）

	賃借人の原状回復義務	工事施工単位（実体）	賃借人の負担単位等	経過年数の考慮等
設備、その他（鍵、クリーニングなど）	・設備の補修 ・鍵の返却 ・通常の清掃（ゴミ撤去、拭き掃除、掃き掃除、換気扇やレンジ回り、水回りの油汚れの除去）	・設備機器：部分的補修、交換 ・鍵：紛失の場合はシリンダーの交換 ・クリーニング：専門業者による部位ごともしくは全体のクリーニング（いわゆるハウスクリーニング）	・設備機器：補修部分、交換相当費用 ・鍵：紛失の場合はシリンダーの交換 ・クリーニング：部位ごともしくは住戸全体	（設備機器） 耐用年数経過時点で残存価値1円となるような直線（または曲線）を想定し、負担割合を算定する（新品交換の場合も同じ）。 【主な設備の耐用年数】 ●耐用年数5年のもの ・流し台 ●耐用年数6年のもの ・冷房用、暖房用機器（エアコン、ルームクーラー、ストーブ等） ・電気冷蔵庫、ガス機器（ガスレンジ） ・インターホン ●耐用年数8年のもの ・主として金属製以外の家具（書棚、たんす、戸棚、茶ダンス） ●耐用年数15年のもの ・便器、洗面台等の給排水・衛生設備 ・主として金属製の器具 ※当該建物の耐用年数が適用されるもの ・ユニットバス、浴槽、下駄箱（建物に固着して一体不可分なもの） ・鍵の紛失は、経過年数は考慮しない。交換費用相当分を全額賃借人負担とする。 ・クリーニングについて、経過年数は考慮しない。賃借人負担となるのは、通常の清掃を実施していない場合で、部位もしくは住戸全体の清掃費用相当分を全額賃借人負担とする。

別表3　契約書に添付する原状回復の条件に関する様式

原状回復の条件について

　本物件の原状回復条件は、下記Ⅱの「例外としての特約」による以外は、賃貸住宅の原状回復に関する費用負担の一般原則の考え方によります。
　すなわち、
- 賃借人の故意・過失、善管注意義務違反、その他通常の使用方法を超えるような使用による損耗等については、賃借人が負担すべき費用となる
- 建物・設備等の自然的な劣化・損耗等（経年変化）及び賃借人の通常の使用により生ずる損耗等（通常損耗）については、賃貸人が負担すべき費用となる

ものとします。
　その具体的内容は、国土交通省の「原状回復をめぐるトラブルとガイドライン」において定められた別表1及び別表2のとおりですが、その概要は、下記Ⅰのとおりです。

Ⅰ　本物件の原状回復条件

　（ただし、民法90条及び消費者契約法8条・9条・10条に反しない内容に関して、下記Ⅱの「例外としての特約」の合意がある場合は、その内容によります。）

1　賃貸人・賃借人の修繕分担表

賃貸人の負担となるもの	賃借人の負担となるもの
【床（畳・フローリング・カーペットなど）】	
1．畳の裏返し、表替え（特に破損していないが、次の入居者確保のために行うもの） 2．フローリングのワックスがけ 3．家具の設置による床、カーペットのへこみ、設置跡 4．畳の変色、フローリングの色落ち（日照、建物構造欠陥による雨漏りなどで発生したもの）	1．カーペットに飲み物等をこぼしたことによるシミ、カビ（こぼした後の手入れ不足等の場合） 2．冷蔵庫下のサビ跡（サビを放置し、床に汚損等の損害を与えた場合） 3．引越作業等で生じた引っかきキズ 4．フローリングの色落ち（賃借人の不注意で雨が吹き込んだことなどによるもの）

【壁、天井（クロスなど）】	
1．テレビ、冷蔵庫等の後部壁面の黒ずみ（いわゆる電気ヤケ） 2．壁に貼ったポスターや絵画の跡 3．壁等の画鋲、ピン等の穴（下地ボードの張替えは不要な程度のもの） 4．エアコン（賃借人所有）設置による壁のビス穴、跡 5．クロスの変色（日照などの自然現象によるもの）	1．賃借人が日常の清掃を怠ったための台所の油汚れ（使用後の手入れが悪く、ススや油が付着している場合） 2．賃借人が結露を放置したことで拡大したカビ、シミ（賃貸人に通知もせず、かつ、拭き取るなどの手入れを怠り、壁等を腐食させた場合） 3．クーラーから水漏れし、賃借人が放置したため壁が腐食 4．タバコ等のヤニ・臭い（喫煙等によりクロス等が変色したり、臭いが付着している場合） 5．壁等のくぎ穴、ネジ穴（重量物をかけるためにあけたもので、下地ボードの張替えが必要な程度のもの） 6．賃借人が天井に直接つけた照明器具の跡 7．落書き等の故意による毀損
【建具等、襖、柱等】	
1．網戸の張替え（破損はしていないが、次の入居者確保のために行うもの） 2．地震で破損したガラス 3．網入りガラスの亀裂（構造により自然に発生したもの）	1．飼育ペットによる柱等のキズ・臭い（ペットによる柱、クロス等にキズが付いたり、臭いが付着している場合） 2．落書き等の故意による毀損
【設備、その他】	
1．専門業者による全体のハウスクリーニング（賃借人が通常の清掃を実施している場合） 2．エアコンの内部洗浄（喫煙等の臭いなどが付着していない場合） 3．消毒（台所・トイレ） 4．浴槽、風呂釜等の取替え（破損等はしていないが、次の入居者確保のために行うもの） 5．鍵の取替え（破損、鍵紛失のない場合） 6．設備機器の故障、使用不能（機器の寿命によるもの）	1．ガスコンロ置き場、換気扇等の油汚れ、すす（賃借人が清掃・手入れを怠った結果汚損が生じた場合） 2．風呂、トイレ、洗面台の水垢、カビ等（賃借人が清掃・手入れを怠った結果汚損が生じた場合） 3．日常の不適切な手入れもしくは用法違反による設備の毀損 4．鍵の紛失または破損による取替え 5．戸建賃貸住宅の庭に生い茂った雑草

2　賃借人の負担単位

負担内容			賃借人の負担単位	経過年数等の考慮
床	毀損部分の補修	畳	原則一枚単位 毀損部分が複数枚の場合はその枚数分（裏返しか表替えかは、毀損の程度による）	（畳表） 経過年数は考慮しない。
		カーペット クッションフロア	毀損等が複数箇所の場合は、居室全体	（畳床・カーペット・クッションフロア） 6年で残存価値1円となるような負担割合を算定する。
		フローリング	原則㎡単位 毀損等が複数箇所の場合は、居室全体	（フローリング） 補修は経過年数を考慮しない。 （フローリング全体にわたる毀損等があり、張り替える場合は、当該建物の耐用年数で残存価値1円となるような負担割合を算定する。）
壁・天井（クロス）	毀損部分の補修	壁（クロス）	㎡単位が望ましいが、賃借人が毀損した箇所を含む一面分までは張替え費用を賃借人負担としてもやむをえないとする。	（壁〔クロス〕） 6年で残存価値1円となるような負担割合を算定する。
		タバコ等のヤニ、臭い	喫煙等により当該居室全体においてクロス等がヤニで変色したり臭いが付着した場合のみ、居室全体のクリーニングまたは張替費用を賃借人負担とすることが妥当と考えられる。	
建具・柱	建具の毀損部分の補修	襖	1枚単位	（襖紙、障子紙） 経過年数は考慮しない。
		柱	1本単位	（襖、障子等の建具部分、柱） 経過年数は考慮しない。
設備・その他	設備の補修	設備機器	補修部分、交換相当費用	（設備機器） 耐用年数経過時点で残存価値1円となるような直線（または曲線）を想定し、負担割合を算定する。
		鍵の返却	鍵	補修部分 紛失の場合は、シリンダーの交換も含む。	鍵の紛失の場合は、経過年数は考慮しない。交換費用相当分を借主負担とする。

通常の清掃 ※	クリーニング ※通常の清掃や退去時の清掃を怠った場合のみ	部位ごと、または住戸全体	経過年数は考慮しない。借主負担となるのは、通常の清掃を実施していない場合で、部位もしくは、住戸全体の清掃費用相当分を借主負担とする。

設備等の経過年数と賃借人負担割合（耐用年数6年及び8年・定額法の場合）
賃借人負担割合（原状回復義務がある場合）

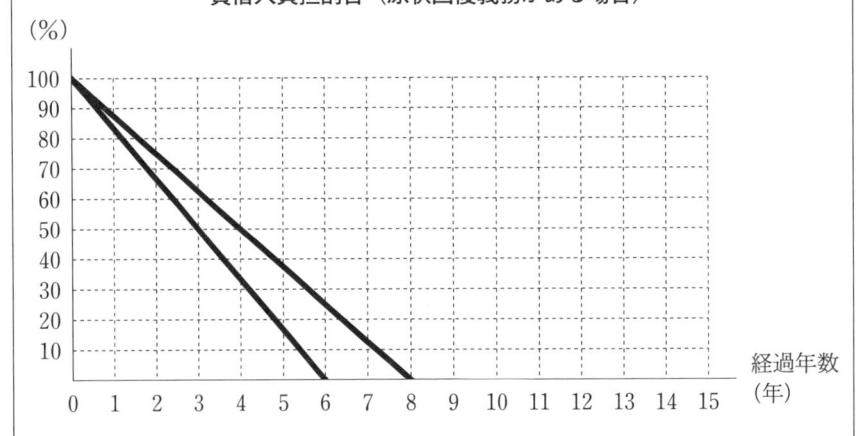

(%)

縦軸: 100, 90, 80, 70, 60, 50, 40, 30, 20, 10

横軸: 経過年数（年） 0 1 2 3 4 5 6 7 8 9 10 11 12 13 14 15

3　原状回復工事施工目安単価

対象箇所		単位	単価（円）	対象箇所		単位	単価（円）
室内クリーニング		一式		玄関・廊下	チャイム・インターホン	台	
					玄関ドアの鍵	個	
床	クッションフロア	m²			下駄箱	箇所	
	フローリング	m²			郵便受け	個	
	畳	枚					
	カーペット類	m²					
天井・壁	壁（クロス）	m²		設備・その他	電気・ガスコンロ	一式	
	天井（クロス）	m²		台所・キッチン	給湯器類	一式	
	押入れ・天袋	箇所			戸棚類	箇所	
					流し台	一式	
					給排水設備	一式	
建具	窓（ガラス・枠）	枚					
	網戸（網・枠）	枚					
	襖	枚					
	障子	枚					
	室内ドア・扉	枚					
	カーテンレール	箇所		浴室・洗面所・トイレ	鏡	台	
	シャッター（雨戸）	箇所			シャワー	一式	
	柱	箇所			洗面台	一式	
	間仕切り	箇所			クサリ及びゴム栓	個	
	玄関ドア	箇所			風呂釜	一式	
					給湯器類	一式	
					浴槽	一式	
設備・その他	照明器具	個			蓋及び備品類	一式	
共通	電球・電灯類	個			便器	一式	
	スイッチ	個			給排水設備	一式	
	コンセント	個			洗濯機用防水パン	一式	
	エアコン	台			タオル掛け	個	
	テレビ用端子	個			ペーパーホルダー	個	
	換気扇	個					
	バルコニー	個					
	物干し金具	個					

※この単価は、あくまでも目安であり、入居時における賃借人・賃貸人双方で負担の概算額を認識するためのものです。従って、退去時において、資材の価格や在庫状況の変動、毀損の程度や原

状回復施工方法等を考慮して変更となる場合があります。

II 例外としての特約

　原状回復に関する費用の一般原則は上記のとおりですが、賃借人は、例外として、下記の費用については、賃借人の負担とすることに合意します（ただし、民法90条及び消費者契約法8条・9条・10条に反しない内容に限ります）。

　（括弧内は、本来は賃貸人が負担すべきものである費用を、特別に賃借人が負担することとする理由）

・

別表４　原状回復の精算明細等に関する様式（例）

原状回復の精算明細書について

物件名		住戸番号	
所在地		TEL（　　　）　―	
借主氏名		貸主氏名	
契約日　　年　月　日	入居日　　年　月　日	退去日　　年　月　日	
転居先住所		転居先TEL（　　　）　―	

精算金額　　　　　　　　　　　　　　　　　円

対象箇所 （適宜追加・削除）		修繕等の内容 （該当する方法に○を付ける）	原状回復工事費用			経過年数	賃貸人の負担		賃借人の負担	
			単価(円)	単位	量	金額(円)		割合(%)	金額(円)	割合(%)	金額(円)
室内クリーニング				一式	1						
床	クッションフロア	洗浄・補修・塗替・張替		m²							
	フローリング	洗浄・補修・塗替・張替		m²							
	畳	表替・交換		枚							
	カーペット類	洗浄・補修・塗替・張替		m²							
天井・壁	壁（クロス）	洗浄・補修・塗替・張替		m²							
	天井（クロス）	洗浄・補修・塗替・張替		m²							
	押入れ・天袋	洗浄・補修		箇所							
建具	窓（ガラス・枠）	洗浄・補修・調整・交換		枚							
	網戸（網・枠）	洗浄・調整・交換		枚							
	襖	洗浄・張替・交換		枚							
	障子	洗浄・張替・交換		枚							
	室内ドア・扉	洗浄・補修・調整・交換		枚							
	カーテンレール	洗浄・補修・調整・交換		箇所							
	シャッター（雨戸）	洗浄・補修・調整・交換		箇所							
	柱	洗浄・補修・交換		箇所							
	間仕切り	洗浄・補修・交換		箇所							

対象箇所 (適宜追加・削除)			修繕等の内容 (該当する方法に ○を付ける)	原状回復工事費用				経過年数	賃貸人の負担		賃借人の負担	
				単価(円)	単位	量	金額(円)		割合(%)	金額(円)	割合(%)	金額(円)
		玄関ドア	洗浄・補修・交換		箇所							
設備・その他	共通	照明器具	洗浄・修理・交換		個							
		電球・電灯類	交換		個							
		スイッチ	洗浄・修理・交換		個							
		コンセント	洗浄・修理・交換		個							
		エアコン	洗浄・修理・交換		台							
		テレビ用端子	洗浄・修理・交換		個							
		電話端子	洗浄・修理・交換		個							
		換気扇	洗浄・修理・交換		個							
		バルコニー	洗浄・修理・交換		個							
		物干し金具	洗浄・修理・交換		個							
	玄関・廊下	チャイム・インターホン	洗浄・修理・交換		台							
		玄関ドアの鍵	シリンダー交換		個							
		下駄箱	洗浄・補修・交換		箇所							
		郵便受け	洗浄・修理・交換		個							
	台所・キッチン	電気・ガスコンロ	洗浄・修理・交換		一式	1						
		給湯機器	洗浄・修理・交換		一式	1						
		戸棚類	洗浄・修理・交換		箇所							
		流し台	洗浄・修理・交換		一式	1						
		給排水設備	洗浄・修理・交換		一式	1						
		鏡	洗浄・修理・交換		台							
		シャワー	洗浄・修理・交換		一式	1						
		洗面台	洗浄・修理・交換		一式	1						
		クサリ及びゴム栓	交換		個							

第 1 章　原状回復にかかるガイドライン●39

対象箇所 (適宜追加・削除)		修繕等の内容 (該当する方法に ○を付ける)	原状回復工事費用			経過年数	賃貸人の負担		賃借人の負担	
^ ^ ^ ^ ^ ^ ^ ^ ^ ^ ^ ^			単価 (円)	単位	量	金額 (円)	^	割合 (%)	金額 (円)	割合 (%)	金額 (円)
設備・その他（つづき）	浴室・洗面所・トイレ	風呂釜	洗浄・修理・交換		一式	1					
^	^	浴槽	洗浄・修理・交換		一式	1					
^	^	給排水設備	洗浄・修理・交換		一式	1					
^	^	蓋および備品類	洗浄・修理・交換		一式	1					
^	^	便器	洗浄・修理・交換		一式	1					
^	^	水洗タンク	洗浄・修理・交換		一式	1					
^	^	洗濯機置場	洗浄・修理・交換		一式	1					
^	^	タオル掛け	洗浄・修理・交換		個						
^	^	ペーパーホルダー	洗浄・修理・交換		個						
^	^										

※本表は、原状回復の精算を具体的にすることを目的に作成している（原状回復とは、「賃借人の居住、使用により発生した建物価値の減少のうち、賃借人の故意・過失、善管注意義務違反、その他通常の使用を超えるような使用による損耗・毀損を復旧すること」（表2）と定義される）。
※本表の対象箇所は、P.5の「入退去時の物件状況及び原状回復確認リスト（例）」に記載されている対象箇所を部位別にまとめて例示しているが、使用にあたっては、それぞれの物件に応じた形で、対象箇所の追記、削除を行われたい。
※「原状回復工事費用」の記入にあたっては、契約時の原状回復の条件（別表3）を基に原状回復を実施する際の「単価」を記入し、加えて「量」を記入することによって、「金額」を算出する。
※経過年数を考慮するものについては、それぞれの「経過年数」を記入する。
※その上で、「賃貸人の負担」「賃借人の負担」について、契約時の原状回復の条件（別表3）を基に、賃借人の負担単位、耐用年数から算出した賃借人負担割合を考慮して算出した「割合（％）」を乗じた「金額」を記入する。

第2章

トラブルの迅速な
　解決にかかる制度

1 現行制度の活用

　原状回復の問題をはじめ、賃貸住宅をめぐるトラブルが発生した場合の解決は、当事者間の相対による交渉により図られることとなるが（実態的には、宅建業者、管理業者が間に立って行うことが多いと考えられる）、相対交渉によって解決しない場合、最終的には裁判により決着を図ることになる。しかし、費用や時間等の問題から、裁判にまで踏み切るものは必ずしも多くないのが実状である。

　こうしたこともあり、最近では、裁判であっても比較的少ない費用と時間で判決を言い渡す簡易裁判所（裁判所法第33条により訴訟の目的の価額が140万円を超えない請求を管轄する。）の少額訴訟手続の制度が施行されているほか、中立的な第三者が当事者間に介入して紛争の解決を図る裁判外紛争処理制度（ADR：Alternative Dispute Resolution）が注目されており、当面こうした制度を活用することにより、トラブルの円滑かつ迅速な解決が図られることが期待される。

(1) 少額訴訟手続

　少額訴訟手続は、民事訴訟のうち、少額の金銭の支払をめぐるトラブルを少ない費用で迅速に解決することを目的とした制度であり、民事訴訟法の改正により、平成10年1月から施行されている。この制度は60万円以下の金銭の支払いを求める訴えについて、原則として1回の審理で紛争を解決する審理手続で、裁判所は、原告の主張（支払）を認める場合でも、分割払、支払猶予、遅延損害金免除の判決を言い渡すことができるものとされている。

　原状回復及び敷金返還にかかるトラブルにも対応できうる制度であり、今後もますますその活用が期待される（資料3）。

(2) 裁判外紛争処理制度

① 調停（相談・あっせん）

　　民事調停（司法調停）は、民事紛争につき、調停機関が斡旋・仲介し、当事者の互譲により、条理にかない実情に即した解決を図ることを目的として、民事調停法の定める手続により行われる紛争解決制度で、訴訟に比べて簡易な手続により迅速な解決が図られる等のメリットがある（資料

4）。

　　また、司法調停ではないが、国民生活センター、消費生活センターなどの常設的な紛争調整機関においては、紛争当事者間の円満な話合い、解決のための調停ないし相談・あっせんが必要に応じて行われている。

② 仲裁

　　仲裁は、一定の法律関係に関する紛争の処理を、裁判所ではなく、私人である第三者（仲裁人）の判断に委ねる旨の合意に基づいて行われる紛争解決方法で、仲裁人の選定における公平性の確保などの問題もあり、その実績は調停に比べると多くないが、弁護士会、司法書士会、行政書士会などの仲裁センターでは、取り扱う事実について特別な制限を設けていない場合が多く、原状回復、敷金返還請求にかかる事案も持ち込まれている。

　紛争の解決のため、どの制度を利用するかは申立人ないし当事者の判断によるが、相談・あっせんが初期の段階で利用され、それが奏功しない場合に、調停さらには訴訟、仲裁が用いられるのが一般的であり、原状回復にかかるトラブルの解決手順も同様であると考えられる。

2　行政機関への相談

　賃貸住宅にかかる相談、苦情処理業務は、地方公共団体の相談窓口や消費生活センターなどの行政機関においても実施されている。

　原状回復といった賃貸住宅の管理の分野等の問題は、直接的な取締法規がなく、賃貸住宅の契約関係のような民事紛争においては、行政が当事者間の利害を勘案し、一定の判断を下してそれに従わせることはできないが、行政機関においては、トラブル防止に向けた啓発、紛争解決への助言・あっせん、紛争解決制度等の情報提供などを行っているところであり、行政機関への相談も一つのトラブル解決方策と考えられる。

Q & A

Q&A

Q1　退去するときのトラブルを避けるには、契約時にどのような点に注意すればよいのでしょうか。

A　退去時はもちろん入居時にも賃貸人・賃借人双方が立ち会い、部屋の状況を確認しチェックリストを作成しておくことが大切です。
　⇨⇨　第1章　Ⅰ1（3頁〜）参照

> 　退去するときの修繕費用等をめぐってのトラブルは、入居時にあった損耗・損傷であるかそうでないのか、その発生の時期などの事実関係が判然としないことが大きな原因のひとつです。
> 　そこで、入居時と退去時においては、契約内容を正確に理解することの他に、賃貸人・賃借人双方が立ち会い、本書にあるようなチェックリストを活用するとともに、写真を撮るなどして、物件の状況を確認しておくことは、トラブルを避けるために大変有効な方法です。
> 　このような対応をしておけば、当該損耗・損傷が入居中に発生したものであるか否かが明らかになり、損耗・損傷の発生時期をめぐるトラブルが少なくなることが期待できます。

Q2　建物を借りるときには、どんなことに気をつけたらよいでしょうか。

A　退去時の原状回復についてなど、賃貸借契約書の内容をよく読み契約事項をしっかりと確認しておくことが大切です。
　⇨⇨　第1章　Ⅰ2（7頁〜）参照

> 　賃貸借契約は、「契約自由の原則」によって、借地借家法26条以下並びに消費者契約法8条以下の強行規定（契約の内容を規制する規定）に反しない限り、当事者間で内容を自由に決めることができます。
> 　契約はあくまで当事者の合意により成立するものであり、合意して成

立した契約の内容は、原則として賃借人・賃貸人双方がお互いに守らなければなりません。

　したがって、賃貸借の契約をするときには、その内容を十分に理解することが重要です。契約書をよく読まなかったために、後になって原状回復の内容についてトラブルになる事例は少なくありません。契約書は貸主側で作成するのが一般的ですが、貸主側は契約の内容を理解してもらうことに努め、借主側は自分の希望を明確にした上で契約の内容を十分に理解して契約を締結することが重要です。

　なお、賃貸借契約は、諾成契約といって、賃貸人と賃借人が口頭で合意するだけで成立します。つまり、契約書面がなくても賃貸借契約は成立します。しかし、実務では、契約で合意したことを明らかにしておくため、詳細な契約書が作成されていますし、宅地建物取引業者が媒介した場合には、宅地建物取引業者は契約条項を記載した書面を作成して当事者に交付することが義務付けられていますから、通常は契約書が作成されます。

　※　定期建物賃貸借の場合は必ず書面により契約をすることが必要です。

Q3　賃貸借契約(契約更新を含む)では、借主に不利な特約でもすべて有効なのでしょうか。

A　賃借人に不利な特約は、賃借人がその内容を理解し、契約内容とすることに合意していなければ有効とはいえないと解されています。
　⇨⇨　第1章　Ⅰ2（7頁～）参照

　建物の賃貸借契約は、借地借家法の適用があるのが原則であり、借地借家法が定める事項については、借地借家法の規定と異なる合意を規定しても、借主に不利な特約として無効となるものもあります。
　また、消費者契約法は信義誠実の原則に反し、消費者の利益を一方的に害するものは無効と規定しています。しかし、このような強行規定に反しない限り、契約自由の原則により、合意された契約内容は有効となり、賃借人に不利な特約がすべて無効になるわけでもありません。

もっとも、賃借人に不利な特約を契約内容とする場合には、賃借人がその内容を理解し、それを契約内容とすることに合意しているといえるのでなければ成立しているとは言えません。また成立しても、賃借人にとって不利な特約である場合にはそれが有効であるとは限りません。
　原状回復に関する賃借人に不利な内容の特約は、近年の（最高裁の）判例も踏まえ、次のような用件を満たしておく必要があると解されます。
　① 特約の必要性があり、かつ、暴利的でないなどの客観的、合理的理由が存在すること
　② 賃借人が特約によって通常の原状回復義務を超えた修繕等の義務を負うことについて認識していること
　③ 賃借人が特約による義務負担の意思表示をしていること

Q4　退去時に、賃借人の負担する損害賠償額が契約書に定められています。このような規定は有効なのでしょうか。

　A　賃貸人と賃借人の間で退去時の損害賠償額を予め決めて契約書に定めておくことは可能ですが、常に有効とは限りません。

　契約の当事者は、損害賠償の額を予定し、契約で定めておくことができます（民法420条）。これを損害賠償額の予定といいますが、賃借人が賃貸借契約に関して賃貸人に損害を与えた場合に備えて規定するものです。ただし、民法90条並びに消費者契約法9条1号により無効となる場合もあります。
　従って、賠償額を予定してそれを契約しても、実損額によっては予定賠償額どおりに請求できない場合もあります。

Q5　契約書に「賃借人は原状回復をして明け渡しをしなければならない。」と書いてありますが、内装をすべて新しくする費用を負担しなければならないのでしょうか。

　A　賃借人が通常の使用方法により使用していた状態で、借りていた部屋を

そのまま賃貸人に返せばよいとするのが一般的です。
⇨⇨　第1章　II（10頁〜）、Q3参照

> 　賃貸借における原状回復とは、賃借人が入居時の状態に戻すということではありません。
> 　判例・学説の多数は、賃借人の原状回復義務を、賃借人が賃借物を契約により定められた使用方法に従い、かつ、社会通念上通常の使用方法により使用していた状態であれば、使用開始時の状態よりも悪くなっていたとしてもそのまま賃貸人に返還すればよいとしています。
> 　したがって、賃借人の故意や不注意、通常でない使用方法等により賃借物に汚損・破損などの損害を生じさせた場合は、その損害を賠償することになりますが、汚損や損耗が経年変化による自然的なものや通常使用によるものだけであれば、特約が有効である場合を除き、賃借人がそのような費用を負担することにはなりません。

Q6　敷金とは、どのようなお金ですか。

A　敷金は、賃借人が賃料を滞納したり、賃借人が不注意等によって賃借物に対して損傷・破損を与えた場合等の損害を担保するために、賃借人から賃貸人に対して預け入れるものです。

> 　賃料が滞納されたり、賃借人の不注意等によって損害を受けた場合に、賃借人がその損害等を支払わないことがないように、担保として賃貸借契約に付随して賃貸人が賃借人から預かるのが敷金です。このような性質を有する金銭は、名目の如何を問わず、—例えば保証金という名目であっても—敷金です。
> 　したがって、賃借物の明け渡しまでに、未払賃料や損害賠償金債務等、賃貸人に対する賃借人の債務が生じていなければ、敷金は賃借人に対してその全額が返還されることになります。賃借人の故意や不注意、通常でない使用方法等により賃借物に損傷・汚損等を生じさせていてその損害を賃借人が賃貸人に対して支払っていない場合には、賃貸人はその損害額を敷金から差し引いた残額を賃借人に返還することになります。

第2章　トラブルの迅速な解決にかかる制度●51

Q7　不注意で壁のクロスの一部にクロスの張替えが必要なほどのキズをつけてしまいました。部屋全部のクロス張替費用を負担しなければならないのでしょうか。

A　不注意でキズをつけてしまったものは修理をしなければなりませんが、各部位ごとの経過年数を考慮したうえ、最低限可能な施工単位（毀損させた箇所を含む一面分の張替えまではやむをえない場合がある）で修理するのが妥当と考えられます。
　⇨⇨　第1章　Ⅱ（10頁～）、別表1（23～27頁）、別表2（28～30頁）参照

　　不注意により、壁クロスに張替えが必要なほどのキズをつけてしまったのですから、その損害について賃借人に賠償責任が生じることになりますが、このとき、どのような範囲でクロスの張替え義務があるかが問題となります。
　　本ガイドラインでは、その範囲について、㎡単位が望ましいとしつつ、あわせて、やむをえない場合は毀損箇所を含む一面分の張替え費用を、毀損等を発生させた賃借人の負担とすることが妥当と考えられるとしています。
　　これは、賃貸人が原状回復以上の利益を得ることなく、他方で賃借人が建物価値の減少を復旧する場合にバランスがとれるように検討されたものです。

Q8　賃貸借契約書に特に約定されていないのですが、退去にあたり、大家さんから、襖や障子、畳表を張替えるようにいわれています。襖や障子、畳表は退去時に必ず賃借人が張替えなければいけないのでしょうか。

A　襖や障子、畳表の損耗が経年変化や通常使用によるものだけであれば、賃借人の負担で張替える必要はないと考えられます。しかし、賃借人が毀損した場合には、賃借人の負担で張替えることになります。
　⇨⇨　第1章　Ⅱ（10頁～）、別表1（23～27頁）、別表2（28～30頁）参照

襖や障子、畳表を賃借人が毀損した場合には、賃借人の負担で毀損した枚数を張替えることになります。しかし、襖や障子、畳表の損耗が経年変化や通常使用によるものだけであれば、賃借人の負担で張替える必要はありません（賃貸借契約期間が長期に及び、その間に一度も賃貸人によって襖や障子の交換、畳表の張替えが行われていない場合には、通常使用でも相当の損耗が発生するので、賃借人の負担で張替えなければならない毀損なのかどうかは、大家さんとの間で協議してみてはいかがでしょうか）。

　なお、賃貸借契約書に特約がある場合は、Ｑ３やＱ５を参考にしてください。

Q9　賃借人は、敷金の返還をいつでも請求することができるのですか。

A　敷金の返還請求は、契約で特に別の時期を定めていない場合には、建物の明け渡しを行った後でなければできないとされています。

　敷金は、賃貸借契約終了後明け渡しまでの損害金まで担保するものであるため、賃借人の敷金返還請求権は、賃貸借契約の終了時に発生するのではありません。賃貸借契約に特に時期についての定めがない限り、建物を明け渡してはじめて賃借人は敷金返還を賃貸人に対して請求することができます（最高裁判所判決昭49・9・2）。

Q10　賃借人の善管注意義務とはどういうことですか。

A　賃借人は、賃借人として社会通念上要求される程度の注意を払って賃借物を使用する義務が課されており、これを賃借人の善管注意義務といいます。

　賃借人は、賃借物を善良な管理者としての注意を払って使用する義務を負っています（民法400条）。建物の賃借の場合には、建物の賃借人として社会通念上要求される程度の注意を払って賃借物を使用しなければならず、日頃の通常の清掃や退去時の清掃を行うことに気をつける必要

があります。

　賃借人が不注意等によって賃借物に対して通常の使用をした場合よりも大きな損耗・損傷等を生じさせた場合は、賃借人は善管注意義務に違反して損害を発生させたことになります。例えば、通常の掃除を怠ったことによって、特別の清掃をしなければ除去できないカビ等の汚損を生じさせた場合も、賃借人は善管注意義務に違反して損害を発生させたことになると考えられます。また、飲み物をこぼしたままにする、あるいは結露を放置するなどにより物件にシミ等を発生させた場合も、賃借人は善管注意義務に違反して損害を発生させたことになると考えられます。

　なお、物件や設備が壊れたりして修繕が必要となった場合は、賃貸人に修繕する義務がありますが、賃借人はそのような場合には、賃貸人に通知する必要があるとされており、通知を怠って物件等に被害が生じた場合（例えば水道からの水漏れを賃貸人に知らせなかったため、階下の部屋にまで水漏れが拡大したような場合）には、損害賠償を求められる可能性もあるため、そのことにも注意が必要です。

　契約時に交付すると思われる「入居のしおり」等には、賃借人の適正な住まい方に関するわかりやすい解説等が掲載されていますので、是非ご確認ください。

Q11　アパートの大家さんが変わりました。敷金は新しい大家さんから返してもらえるのでしょうか。

　A　そのアパートを新しい大家さんが前の大家さんから購入していた場合は、敷金は新しい大家さんから返してもらいます。そのアパートの抵当権が実行され、新しい大家さんが競売によってそのアパートを競落した場合には、あなたが賃貸借契約を締結してアパートの引渡を受けた時よりも前に登記された抵当権の競売の場合には前の大家さんから敷金を返してもらい、あなたが賃貸借契約を締結してアパートの引渡を受けてから登記された抵当権の競売の場合には新しい大家さんから敷金を返してもらいます。

賃貸人が賃借建物を第三者に売却して当該第三者が新賃貸人になる場合には、敷金返還義務は当然に新たな賃貸人に継承されます（最高裁判所判決昭44・7・17）。

　他方、既に抵当権設定登記がなされた建物について、平成16年4月1日以降に賃貸借契約を締結して引渡を受けていた場合で、抵当権の実行によって競落人が新たに当該建物の所有者になった場合には、競落人である新たな所有者は賃貸借契約を承継する義務はないので、競落人は敷金返還義務を負いません。したがって、この場合には、賃借人は、従来の賃貸人である元の建物所有者に対して敷金の返還を求めることになります。これに対し、賃貸借契約を締結して引渡を受けた後に設定登記がなされた抵当権の実行によって競落人が新たに当該建物の所有者になった場合には、競落人である新たな所有者は賃貸借契約を承継するので、新たな賃貸人である新所有者に対して敷金の返還を求めることになります。

Q12　明け渡し後の修繕費用の負担金額について、大家さんと話合いがつかず、敷金の返還がなされていません。少額訴訟制度が使えると聞きましたが、どのような制度でしょうか。

A　民事訴訟のうち、60万円以下の金銭の支払を求める訴えについて、原則として1回の審理で紛争の解決を図る手続きです。
　⇨⇨　**資料3（145頁〜146頁）参照**

　紛争が当事者間の話合いによって解決しない場合には、最終的には裁判によって決着を図ることになります。このような場合に、60万円以下の金銭の支払を求める訴えであれば、少額訴訟制度を利用することができます。

　少額訴訟制度は、原則として相手方の住所を管轄する簡易裁判所に訴えを提起するものです。原則として1回の審理で判決が言い渡され、少ない費用（申立手数料は訴訟60万円の場合で6000円）と短い時間で解決を図ることができます。

なお、即時解決を目指す制度であるため、書類や証人は、審理の日にその場ですぐに調べることができるものに限られます。

Q13 原状回復費用の請求書が送られてきましたが、クロスの張替費用の単価が以前に退去した賃貸住宅に比べて高く、納得できませんが、通常の単価にしてもらえるよう、請求できますか。

A 原状回復に要する費用は、原状回復のため使用する資材や施工方法などにより異なるため、物件ごとに異なるものとなります。

原状回復に要する費用は、使用されている資材のグレードや施工方法などにより物件ごとに異なるものとなります。

また、単価として表示されている費用には、資材の材料費だけでなく、修繕等の工事のための施工費用（労賃など）が含まれていることが多いと思われます。

なお、賃借人が負担すべき原状回復費用は、経過年数および通常損耗を考慮した状態にすることが前提であり、高級品のクロスの使用などグレードアップの費用を負担する必要はありません。

疑問がある点には、賃貸人や管理会社に、費用の内容の内訳などについて確認してみることも考えられます。（なお、本ガイドラインの179ページに記しているように、資材価格等が掲載されている資料により調べることができますが、あくまで平均的な単価であることに留意が必要です。）

※ 今回のガイドラインで示したように、契約時に施工単価についても賃貸人・賃借人の双方が確認しておくことが望ましいと考えられます。

Q14 退去時の立会いを求められ、損傷などがあるということで確認サインをしました。その後、原状回復費用の請求書が送られてきましたが、思っていた以上に高額で驚き、いろいろ調べたところ、ガイドラインによると、私が故意・過失などで損傷したものでない部分については費用負担をする

必要がないことを知りましたが、一旦サインしてしまった以上、やはり負担しないといけないのでしょうか。

A　損傷があり、その分の負担をすることを了承した場合は、基本的にはその確認内容に基づき、原状回復費用の負担額が決定されますが、賃借人の故意・過失等によるものでない損傷については、その分についてまで負担する必要はありません。

> 確認された内容にもよりますが、単に損傷があることの確認であれば、原状回復費用負担について了承したものではないと考えられますので、ガイドライン（特約があれば特約）に基づき、賃借人が負担すべきものか、調整することとなると考えられます。
>
> また、損傷があり、その分の負担をすることを了承した場合は、基本的にはその確認内容に基づき、原状回復費用の負担額が決定されます。ただし、賃貸契約書において原状回復に関する特約がない場合は、賃借人の故意・過失等によるものでない損傷については、そもそも賃借人の負担する必要のないものであり、仮にその分も含め確認サインをしていたとしても、その分についてまで負担する原因・理由はないため、その旨を主張することができます。
>
> いずれにせよ、退去時の立会いによる確認は賃貸人、賃借人双方にとって、原状回復費用負担を決める上で重要なものですから、疑問がある場合は、質問するなど、十分慎重に行うことが必要です。
>
> なお、特約については必ずしも有効であるとは限りません。

Q15　原状回復工事を賃借人自ら行う、あるいは賃借人が指定した業者に行わせることはできますか。

A　賃貸人において原状回復工事を行い、敷金で精算する金銭賠償の方式が一般的です。

> 原状回復について、賃貸借契約書において賃貸人あるいは賃貸人が指定した業者が行うと規定されている場合は、それに従うことになり、

第2章　トラブルの迅速な解決にかかる制度　●57

（例外的に賃貸人が承諾しない限り）賃借人自らあるいは賃借人が発注した業者に行わせることはできませんが、単に、賃借人は原状回復を行う旨だけが規定されている場合は、賃借人自ら行う、あるいは賃借人が指定した業者に行わせることも可能と考えられます。

　ただし、その場合、契約期間終了期日など返還予定期日までに原状回復工事を済ませて賃借物件を返還する必要があり、返還予定期日を過ぎると、賃料あるいは遅延損害金が発生する可能性があります。また、基本的に賃借している物件と同等の材質、仕上がり等に応じて修繕等を行い返還しないと、賃貸人から原状回復工事のやり直しなどを請求される可能性もあります（なお、同等の材料、施工方法により修繕等を行い、通常損耗による建物価値の減少分を上回る状態までにした場合は、賃貸人に利益が生じることとなりますが、その利益分を賃借人に返還してもらうには、賃借人が賃貸人に対し有益費として別途請求をすることが必要となります）。

　このような点を踏まえ、賃貸人において原状回復工事を行い、敷金で精算する金銭賠償の方式が一般的であると思われますが、賃借人自ら行う、あるいは賃借人が指定した業者に行わせる場合は、上記のような点も念頭において、賃貸人と十分な相談をした上で行うことが必要と考えられます。

Q16　賃貸借契約にクリーニング特約が付いていたために、契約が終了して退去する際に一定の金額を敷金から差し引かれました。このような特約は有効ですか。

　A　クリーニング特約については①賃借人が負担すべき内容・範囲が示されているか、②本来賃借人負担とならない通常損耗分についても負担させるという趣旨及び負担することになる通常損耗の具体的範囲が明記されているか或いは口頭で説明されているか、③費用として妥当か等の点から有効・無効が判断されます。

　　クリーニングに関する特約についてもいろいろなケースがあり、修繕・交換等と含めてクリーニングに関する費用負担を義務付けるケース

もあれば、クリーニングの費用に限定して借主負担であることを定めているケースがあります。

後者についても具体的な金額を記載しているものもあれば、そうでないものもあります。

クリーニング特約の有効性を認めたものとしては、契約の締結にあたって特約の内容が説明されていたこと等を踏まえ「契約終了時に、本件貸室の汚損の有無及び程度を問わず専門業者による清掃を実施し、その費用として2万5000円（消費税別）を負担する旨の特約が明確に合意されている」と判断されたもの（東京地方裁判所判決平成21年9月18日）があり、本件については借主にとっては退去時に通常の清掃を免れる面もあることやその金額も月額賃料の半額以下であること、専門業者による清掃費用として相応な範囲のものであることを理由に消費者契約法10条にも違反しないと判断しました。他方、（畳の表替え等や）「ルームクリーニングに要する費用は賃借人が負担する」旨の特約は、一般的な原状回復義務について定めたものであり、通常損耗等についてまで賃借人に原状回復義務を認める特約を定めたものとは言えないと判断したもの（東京地方裁判所判決平成21年1月16日）もあり、クリーニング特約が有効とされない場合もあることに留意が必要です。

Q17　物件を明け渡した後、賃貸人から原状回復費用の明細が送られてきませんが、明細を請求することはできますか。

A　賃貸人には、敷金から差し引く原状回復費用について説明義務があり、賃借人は賃貸人に対して、明細を請求して説明を求めることができます。

賃貸人は賃借物の明け渡しまでに生じた未払賃料や損害賠償債務などを差し引いた敷金の残額については、明け渡し後に賃借人に返還しなくてはなりません。賃貸人が、敷金から原状回復費用を差し引く場合、その具体的根拠を明らかにする必要があり、賃借人は原状回復費用の内容・内訳の明細を請求し、説明を求めることができます。

第3章

原状回復にかかる判例の動向

原状回復や敷金返還をめぐるトラブルにおいて争いとなる金額は、数万円から数十万円であることが多いため、裁判の場合には、裁判所法第33条により訴訟の目的の価額が140万円以下は簡易裁判所が管轄する。

　以下に紹介する事例の主な争点は、
① 退去後に賃貸人が行った修繕の対象となった損耗が、貸借物の通常の使用により生ずる損耗を超えるものか否か、
② 損耗が通常の使用によって生ずる程度を超えない場合であっても、特約により賃借人が修繕義務・原状回復義務を負うか否か、
の２点である。

　①について、判決は、立証事実をもとに損耗が通常の使用による損耗か否かを判断しているが、「入居者が入れ替わらなければ取り替える必要がない程度の状態である」（事例９横浜地方裁判所判決、保土ヶ谷簡易裁判所判決）、「10年近く賃借していたことを考慮すると、時間の経過にともなって生じた自然の損耗といえる」（事例７東京簡易裁判所判決）、「18年以上賃借していた物件で、内装の修理・交換が一度も行われておらず、この間に発生したカビは手入れに問題があったとしても経過年数を考慮して原状回復費はない」（事例26川口簡易裁判所判決）などとして、賃借人が破損等をしたと自ら認めたもの以外は、通常の使用によるものとするのが大半である。
　通常の使用を超えるとされたものは、事例１名古屋地方裁判所判決のペンキ剥がれ、事例３東京地方裁判所判決のカーペットクリーニング、クロス張替え、事例17東京簡易裁判所判決の壁ボードの穴、換気扇の焼け焦げ、事例31神戸地方裁判所尼崎支部判決のクロスに付着した洗浄によっては除去できないタバコのヤニなどである（事例17においては、汚損部分の面積及び経過年数、並びに、事例31においては、タバコのヤニが付着したクロスの経過年数による残存価値に基づき賃借人の負担すべき費用は減額されている）。また、事例18東京簡易裁判所判決では、ペットの飼育可の貸室において、消毒を代替するクリーニング費用を賃借人の負担すべき費用として認めている。他に、事例32東京簡易裁判所判決では、庭付き一戸建て住宅の庭の草取り及び松枯れについて、善管注意義務違反があったとして賃借人の費用負担を認めている。
　②については、まず、㋐一定範囲の小修繕を賃借人負担とする修繕特約につ

いては、賃貸人の修繕義務を免除するに留まるとして制限的に解釈するものが多い。また、(ｲ)賃貸開始時の状態に復するというような原状回復特約については、居住用建物の賃貸借においては、賃貸物件の通常の使用による損耗、汚損はその家賃によってカバーされるべきで、その修繕等を賃借人の負担とすることは、賃借人に対し、目的物の善管注意義務等の法律上、社会通念上当然に発生する義務とは趣を異にする新たな義務を負担させるというべきである、特約条項が形式上あるにしても、契約の際その趣旨の説明がなされ、賃借人がこれを承諾したときでなければ、義務を負うものではないとするのが大半であり（事例１名古屋地方裁判所判決、事例６・10伏見簡易裁判所判決、事例13仙台簡易裁判所判決、事例19名古屋簡易裁判所判決）、特約の成立そのものが認められない事案が多い。しかし、事情によっては、例えば、事例５仙台簡易裁判所判決の畳表替えについての特約、事例３及び事例15の原状回復特約のように、文言通りにその効力を認めたものもある（事例３にあっては、損耗の程度によって負担を軽減しているが、事例15にあっては賃貸人の請求どおりの負担を認めている）。

なお、過去の上級審においては、賃借人の原状回復義務について、「通常の使用収益に伴って生ずる自然的損耗は別として、賃借人の保管義務違背等その責に帰すべき事由によって加えた毀損について原状に復せしむ義務がある」（東京高等裁判所判決昭31.8.31）とし、また大小修繕を賃借人がする旨の契約については、「賃貸人において修繕義務を負わないという趣旨に過ぎず、賃借人が義務を負う趣旨ではない」（最高裁判所判決昭43.1.25）としており、この点、最近の判決においても、基本的には同様の考え方を踏襲している。特に、事例24最高裁判所判決（平成17年12月16日）において、「賃借人に通常損耗についての原状回復義務を負わせるのは、賃借人に予期しない特別の負担を課すことになるから、賃借人に同義務が認められるためには、少なくとも、賃借人が補修費用を負担することになる通常損耗の範囲が賃貸借契約の条項自体に具体的に明記されているか、仮に賃貸借契約書では明らかでない場合には、賃貸人が口頭により説明し、賃借人がその旨を明確に認識し、それを合意の内容としたものと認められるなど、その旨の特約（通常損耗補修特約）が明確に合意されていることが必要である」との見解を示しており、これ以降、特例の有効性に関しては事例24同様の考え方を基本としている。

また、賃貸借契約で締結した特約が、消費者契約法第９条（消費者が支払う

損害賠償の額を予定する条項等の無効）や第10条（消費者の利益を一方的に害する条項の無効）に違反していないかを争点とする事例が増加している。消費者契約法第10条により無効とされたのは、事例23枚方簡易裁判所判決、事例25西宮簡易裁判所判決、事例27京都地方裁判所判決、事例28奈良地方裁判所判決、事例29京都簡易裁判所判決、事例30東京地方裁判所判決、事例41東京地方裁判所判決の7事例が挙げられる。他方、消費者契約法第10条により有効とされたのは、事例26川口簡易裁判所判決、事例36東京地方裁判所判決、事例37東京地方裁判所判決、事例40東京地方裁判所判決、事例42最高裁判所判決の5事例が挙げられる。

事案及び争点となった部位等

事例	事案	争点となった部位等
事例1	毀損・汚損等の損害賠償を定めた特約には通常の使用によるものは含まないとされた事例 【名古屋地方裁判所判決平2.10.19】判例時報1375-117	争点となった部位 畳、襖、障子、クロス及びじゅうたんの張替え、ドアのペンキ塗替え 賃借人負担となった部分 ドア・枠のペンキ塗替え
事例2	通常の使用による汚損・損耗は、特約にいう原状回復義務の対象にはならないとされた事例 【東京地方裁判所判決平6.7.1】	争点となった部位 畳裏替え、襖張替え、じゅうたん取替え、天井・壁・巾木・額縁の塗装工事 賃借人負担となった部分 ―
事例3	原状回復の特約及び別記の「修繕負担項目」により、損耗の程度に応じた賃借人の負担を認めた事例 【東京地方裁判所判決平6.8.22】判例時報1521-86	争点となった部位 カーペット敷替え、壁・天井クロス張替え（下地調整・残材処理を含む）、畳表替え、照明器具取替え、室内・外クリーニング 賃借人負担となった部分 カーペットのクリーニング費用、クロス張替え（下地調整・残材処理を除く）、畳裏返し
事例4	通常の損耗に関する費用は、約定された敷引金をもって当てると解するのが相当であるとされた事例 【大阪簡易裁判所判決平6.10.12】	争点となった部位 壁・天井クロス及び畳・襖・障子張替え、床工事、クリーニング 賃借人負担となった部分 （敷引金については賃借人が容認）
事例5	賃貸借契約書に約定されていた畳表の取替え費用のみが修繕費用として認められた事例 【仙台簡易裁判所判決平7.3.27】	争点となった部位 壁紙（洋室、和室、台所） 賃借人負担となった部分 （特約は認定）
事例6	まっさらに近い状態に回復する義務ありとするには、客観的理由が必要であり、特に賃借人が義務負担の意思表示をしたことが必要とされた事例 【伏見簡易裁判所判決平7.7.18】消費者法ニュース25-33	争点となった部位 畳取替え、壁・天井クロス張替え、クッションフロア・襖張替え、清掃 賃借人負担となった部分 ―

第 3 章　原状回復にかかる判例の動向 ● 65

事例	事案	争点となった部位等	
事例7	原状回復の特約条項は、故意過失又は通常でない使用による損害の回復を規定したものと解すべきとした事例 【東京簡易裁判所判決平7.8.8】	争点となった部位	
		じゅうたんへの飲みこぼし、冷蔵庫排気跡、家具跡、畳の擦れ跡、網戸の穴、額縁ペンキ剥がれ	
		賃借人負担となった部分	
		(襖張替費用については賃借人が支払を容認)	
事例8	修理・取替特約は、賃貸人の義務を免除することを定めたものと解され自然汚損等について賃借人が原状に復する義務を負っていたとは認められないとされた事例 【京都地方裁判所判決平7.10.5】	争点となった部位	
		襖、床及び壁・天井クロスの張替え、畳表替え・裏返し、塗装工事、パイプ棚・流し・ガス台取替え、雑工事、洗い工事	
		賃借人負担となった部分	
		－	
事例9	賃借人の手入れにも問題があったとしてカビの汚れについて、賃借人にも2割程度の負担をすべきとした事例 【横浜地方裁判所判決平8.3.25】	争点となった部位	
		畳裏返し、カーペット染みによる取替え、壁・天井のカビ・染みによる取替え、網入りガラスの破損による取替え、トイレタオル掛け破損による取替え	
		賃借人負担となった部分	
		カーペット、壁・天井のカビの汚れによる修繕費（2割程度）	
事例10	原状回復義務ありとするためには義務負担の合理性、必然性が必要であり、更に賃借人がそのことを認識し又は義務負担の意思表示をしたことが必要とした事例 【伏見簡易裁判所判決平9.2.25】	争点となった部位	
		畳凹み傷による表替え、壁・天井クロス家具跡・照明焼け等の汚れによる張替え、クッションフロア変色焦げ跡等による張替え、襖張替え、清掃	
		賃借人負担となった部分	
		クロス冷蔵庫排熱による黒い帯、クッションフロア煙草の焦げ跡、畳家具を倒した凹み傷	
事例11	賃借人に対して和室1室のクロス張替費用及び不十分であった清掃費用の支払を命じた事例 【春日井簡易裁判所判決平9.6.5】	争点となった部位	
		畳表替え、クロス張替え（部屋全体）、清掃費	
		賃借人負担となった部分	
		畳表替え、クロス張替え（和室1室全体）、清掃費（補修費用の一部は賃借人が支払を容認）	

事例	事案	争点となった部位等	
事例12	更新時に追加された原状回復の特約は賃借人が自由な意思で承諾したとは認められないとされた事例 【東京簡易裁判所判決平11.3.15】	争点となった部位	
		畳、襖、クロス、カーペット張替え、室内清掃費用	
		賃借人負担となった部分	
		畳表1枚表替え、冷蔵庫下サビ跡補修（畳1枚の表替費用は賃借人が支払を容認）	
事例13	特約条項に規定のないクリーニング費用等の賃借人による負担が認められなかった事例 【仙台簡易裁判所判決平12.3.2】	争点となった部位	
		畳修理、襖張替え、フロア張替え、室内クリーニング	
		賃借人負担となった部分	
		（畳修理代及び襖張替代については、特約に規定あり、賃借人も支払を容認）	
事例14	通常損耗を賃借人負担とする特約が否定された事例 【大阪高等裁判所判決平12.8.22】 判例タイムズ1067-209	争点となった部位	
		壁・天井クロス及び障子張替え、畳表替え、洗面化粧台取替え、玄関鍵交換、雑工事、美装洗い	
		賃借人負担となった部分	
		原審へ差戻	
事例15	通常損耗を含めた原状回復義務の特約が有効とされた事例 【東京地方裁判所判決平12.12.18】 判例時報1758-66	争点となった部位	
		畳表取替え、襖・クロス張替え、ハウスクリーニング	
		賃借人負担となった部分	
		同上（賃貸人請求のとおり）	
事例16	敷引きの特約は有効とされたが修繕費用は通常の使用による自然損耗部分を除く7万円に減額された事例 【神戸地方裁判所判決平14.6.14】	争点となった部位	
		畳表替え、襖・クロス張替え、郵便ポスト取替え、ハウスクリーニング、敷居修理、浴室コーキング、床張替え	
		賃借人負担となった部分	
		畳1畳・襖1枚・床及び壁クロスの補修、郵便ポスト取替え、トイレ・換気扇・風呂・洗面台の清掃	

第3章　原状回復にかかる判例の動向 ● 67

事例	事　案	争点となった部位等
事例17	経過年数を考慮し賃借人の負担すべき原状回復費用が示された事例 【東京簡易裁判所判決平14.7.9】	争点となった部位 壁ボード穴修理、クロス・クッションフロア張替え、換気扇取替え、清掃 賃借人負担となった部分 壁ボード穴修理、壁クロス張替え・換気扇取替え（経過年数を考慮）、清掃
事例18	ペット飼育に起因するクリーニング費用を賃借人負担とする特約が有効とされた事例 【東京簡易裁判所判決平14.9.27】	争点となった部位 クロス・クッションフロア張替え、玄関ドア交換、ハウスクリーニング 賃借人負担となった部分 クッションフロア部分補修、ハウスクリーニング
事例19	「50％償却」と「賃借人の負担義務を定めた特約」の規定のあった事例 【名古屋簡易裁判所判決平14.12.17】	争点となった部位 リフォーム工事費用、室内清掃費 賃借人負担となった部分 キッチン上棚取手取付費、排水エルボー費、室内清掃費
事例20	過失による損傷修理費用のうち経年劣化を除いた部分が賃借人の負担すべき費用とされた事例 【東大阪簡易裁判所判決平15.1.14】	争点となった部位 クロス・カーペット張替え 賃借人負担となった部分 壁クロス部分補修（経過年数を考慮し賃借人が算定）
事例21	賃貸人は、敷金の精算は管理会社に一任されると主張したが、敷金から控除されるべき費用はないとされた事例 【神戸簡易裁判所判決平15.4.10】	争点となった部位 詳細不明 賃借人負担となった部分 ―
事例22	設備使用料等の合意が、公序良俗に反し無効とされた事例 【大津地方裁判所判決平16.2.24】	争点となった部位 畳表替え、クロス・クッションフロア・襖の張替え、巾木張替え、清掃消毒、雑工事費、水道料 賃借人負担となった部分 水道料

事例	事案	争点となった部位等	
事例23	本件敷引特約は消費者契約法10条により無効であり、また、賃借人は見えるところの結露は拭いており、カビの発生に賃借人の過失はないとされた事例 【枚方簡易裁判所判決平17.10.14】	争点となった部位	
^^	^^	カビの発生責任の所在	
^^	^^	賃借人負担となった部分	
^^	^^	なし	
事例24	通常損耗に関する補修費用を賃借人が負担する旨の特約が成立していないとされた事例 【最高裁判所判決第2小法廷平17.12.16】 一審【大阪地方裁判所判決平15.7.16】 控訴審【大阪高等裁判所判決平16.5.27】	争点となった部位	
^^	^^	通常の使用に伴う損耗についての補修費用	
^^	^^	賃借人負担となった部分	
^^	^^	―（高裁へ差戻）	
事例25	本件敷引特約は、消費者契約法10条により無効であるとされた事例 【西宮簡易裁判所判決平19.2.6】	争点となった部位	
^^	^^	洗面化粧台のキズ	
^^	^^	賃借人負担となった部分	
^^	^^	水道料	
事例26	カビの発生は賃借人の手入れに問題があった結果であるが、経過年数を考慮するとクロスの張替えに賃借人が負担すべき費用はない、との判断を示した事例 【川口簡易裁判所判決平19.5.29】	争点となった部位	
^^	^^	天井・襖・壁クロスの張替え、クロス下地の取替え、窓枠・サッシビートの取替え、畳の取替え、コンセント・照明・カーテンレール・タバコのヤニによる変色した扉の交換、玄関扉・浴室換気扇のサビによる交換	
^^	^^	賃借人負担となった部分	
^^	^^	天井の張替え、クロス下地の取替え、窓枠・サッシビートの取替え、玄関扉のサビによる交換（各20%を負担）	
事例27	通常損耗を賃借人の負担とし、解約手数料を賃借人の負担とする特約が消費者契約法により無効とされた事例 【京都地方裁判所判決平19.6.1】	争点となった部位	
^^	^^	トイレ・キッチン・エアコン等の清掃費用	
^^	^^	賃借人負担となった部分	
^^	^^	―	

第3章　原状回復にかかる判例の動向● 69

事例	事　　案	争点となった部位等
事例28	敷引特約が、消費者契約法に反し無効とされた事例【奈良地方裁判所判決平19.11.9】	**争点となった部位** 脱衣所・トイレ床の腐りによる張替え、トイレの壁の落書きによる張替え、床クッションフロア・壁クロス・天井クロスの張替え、玄関の用心錠・流し台・レンジフードカバーの交換、ガラスの割れによる交換 **賃借人負担となった部分** 脱衣所床の腐敗は１／４、トイレ・脱衣所壁の腐敗は１／２張替え、クッションフロア・タバコのヤニによる壁１／２張替え、玄関の用心錠・レンジフードカバーの交換
事例29	保証金解約引特約が消費者契約法10条により無効とされた事例【京都簡易裁判所判決平20.8.27】	**争点となった部位** 玄関ドアのポストのキズによる取替え、台所・トイレ床の張替え、和室の襖・障子・畳・網戸の張替え、襖の桟の交換、リビングじゅうたん・洋間じゅうたんの張替え、天井照明器具の直付跡補修、エアコン撤去費、ベランダのサビ、風呂場の湯垢・台所の油汚れの清掃 **賃借人負担となった部分** 玄関ドアのポストのキズによる取替え、和室の障子・襖・畳の張替え、襖の桟の取替え、リビングじゅうたん・洋間じゅうたんの張替え、ベランダのサビ
事例30	通常損耗補修特約は合意されたとはいえず、仮に通常損耗補修特約がなされていたとしても、消費者契約法10条に該当して無効とされた事例【東京地方裁判所判決平21.1.16】	**争点となった部位** 壁・天井の張替え、カーペットの取替え、障子・襖・網戸の張替え、畳の表替え、ルームクリーニング **賃借人負担となった部分** ―
事例31	賃借人が負担すべき特別損耗の修繕費用につき、減価分を考慮して算定した事例【神戸地方裁判所尼崎支部判決平21.1.21】	**争点となった部位** クロス張替え、床の削れ補修 **賃借人負担となった部分** クロスの全面張替え（減価割合90％）、床の削れ補修

事例	事案	争点となった部位等
事例32	庭付き一戸建て住宅につき、草取り及び松枯れについての善管注意義務違反があったとして、賃借人の費用負担を認めた事例 【東京簡易裁判所判決平21.5.8】	争点となった部位 高木剪定作業、雑草・除草及び草刈り処分、松枯れ 賃借人負担となった部分 雑草・除草及び草刈り処分、松枯れ
事例33	賃借人がハウスクリーニング代を負担するとの特約を有効と認めた事例 【東京地方裁判所判決平21.5.21】 一審【東京簡易裁判所判決平20(ハ)3160号】	争点となった部位 クロス・襖の張替え（タバコのヤニによる損耗）、畳の張替え、建具ダイノックシートの張替え、シャッターの調整、木部の塗装、ハウスクリーニング 賃借人負担となった部分 障子・クロス（一部）の張替え、建具ダイノックシート張替え、ハウスクリーニング
事例34	契約終了時に賃借人自ら補修工事を実施しない時は契約締結時の状態から通常損耗を差引いた状態まで補修すべき費用相当額を賃貸人に賠償すれば足りるとされた事例 【大阪高等裁判所判決平21.6.12】 一審【神戸地方裁判所尼崎支部判決平21.1.21】	争点となった部位 詳細不明 賃借人負担となった部分 —
事例35	賃貸借契約終了時に敷金から控除された原状回復費用について賃借人の返還請求が一部認められた事例 【東京地方裁判所判決平21.7.22】 一審【東京簡易裁判所】	争点となった部位 フローリング補修、ダン襖片面・和室の畳一畳・ビニールクロス・網戸の張替え、框戸の取替え、天井シーリングプレート取付け、洗面化粧台ボール取替え、ＵＢフタ取付け、ハウスクリーニング 賃借人負担となった部分 フローリング（2枚分）・ダン襖片面・ビニールクロス（半額）の張替え
事例36	清掃費用負担特約並びに鍵交換費用負担特約について消費者契約法に違反しないとされた事例 【東京地方裁判所判決平21.9.18】 一審【武蔵野簡易裁判所】	争点となった部位 専門業者によるハウスクリーニング、鍵交換費用 賃借人負担となった部分 同上（賃貸人請求どおり）

第3章　原状回復にかかる判例の動向 ●71

事例	事　案	争点となった部位等
事例37	更新料特約は消費者契約法10条並びに民法1条2項に違反せず有効であるとした上で通常損耗の範囲について判断した事例 【東京地方裁判所判決平21.11.13】	争点となった部位 洗面所給湯室扉クロス張替え、トイレ壁クロス張替え、和室障子張替え、ＬＤ網戸張替え・カーペット取替え・照明引掛シーリング取付け、ハウスクリーニング、家賃滞納分 賃借人負担となった部分 洗面所給湯室扉クロス張替え、トイレ壁クロス張替え、和室障子張替え、ＬＤ網戸張替え・照明引掛シーリング取付け、家賃滞納分
事例38	賃借人が敷引特約を認識していても特約の合意が否定された事例 【福岡簡易裁判所判決平22.1.29】	争点となった部位 クロス張替え 賃借人負担となった部分 クロス張替え
事例39	通常の使用によって生じた損耗とは言えないとして未払使用料等含めて保証金の返還金額はないとされた事例 【東京地方裁判所判決平22.2.2】	争点となった部位 未納賃料及び共益費、特別損耗修繕費用 賃借人負担となった部分 未納賃料及び共益費、洋室出入口フローリング張替え、襖張替え（3枚）、台所洗面器具取り外し及び排水溝菊割ゴム紛失、和室クーラーキャップ取替え、和室及び玄関のシール剥がし、窓枠・壁・外壁に取付けられたフック取外し、トイレ配管、バルコニー間仕切り固定家具交換、鍵（エレベータートランクを含む）紛失
事例40	敷引契約について消費者契約法10条に違反しないとされた事例 【東京地方裁判所判決平22.2.22】	争点となった部位 リビングの柱の傷、窓の下のクロスの剥がれ、寝室のクロスの張替え 賃借人負担となった部分 同上（賃貸人請求どおり）、クロス張替え（経年劣化を考慮した22.5％の請求）

事例	事案	争点となった部位等	
事例41	違約金支払い条項が消費者契約法10条に違反するとされた事例 【東京地方裁判所判決平22.6.11】	争点となった部位	
		床板塗装、クロスの張替え、ルームクリーニング、その他原状回復及び諸経費、鍵の紛失による交換費用、返却までの損害費用、出動費用、違約金	
		賃借人負担となった部分	
		鍵の紛失による交換費用、建物の故障・修理についての出動費用	
事例42	通常損耗についての原状回復費用を保証金から定額で控除する方法で賃借人に負担させる特約が有効とされた事例 【最高裁判所第1小法廷判決平23.3.24】 一審【不明】 【大阪高等裁判所判決平21.6.19】	争点となった部位	
		―	
		賃借人負担となった部分	
		―	

第 3 章　原状回復にかかる判例の動向 ●73

（脚注に表示した事例）

事例	事　　案	争点となった部位等	
事例7の脚注①	原状回復の特約条項は故意、過失又は通常でない使用による劣化等についてのみその回復を義務付けたと解するのが相当とされた事例 【東京簡易裁判所判決平8.3.19】	争点となった部位	
^	^	専門業者によるハウスクリーニングを含む修理費用	
^	^	賃借人負担となった部分	
^	^	—	
事例7の脚注②	建物が自然ないし通例的に生ずる損耗以上に悪化していると認められる証拠はなく、修繕費を賃借人に負担させる合理的な根拠はないとされた事例 【川口簡易裁判所判決平9.2.18】	争点となった部位	
^	^	ルームクリーニング、ガスコンロ内部クリーニング、畳表替え、クロス張替え、クロスクリーニング	
^	^	賃借人負担となった部分	
^	^	—	
事例7の脚注③	原状回復の特約は、当事者間で合意がなかったことなどから、賃借人の故意・過失による毀損や通常でない使用による建物の劣化について定めたものに過ぎないとされた事例（賃借人は2名） 【京都地方裁判所判決平9.6.10】	争点となった部位	
^	^	畳、障子、襖、その他の設備の修理、清掃（詳細は不明）	
^	^	賃借人負担となった部分	
^	^	—	
事例7の脚注④	原状回復の特約は、特別な事情がない限り認められないとされた事例 【神奈川簡易裁判所判決平9.7.2】	争点となった部位	
^	^	畳取替え等（詳細は不明）	
^	^	賃借人負担となった部分	
^	^	（浄化槽の清掃費については賃借人が支払を容認）	
事例7の脚注⑤	賃借人が立会確認書に署名したが、自然損耗・通常使用に必然的に伴う損耗は敷金から控除できないとされた事例 【福知山簡易裁判所判決平15.4.4】	争点となった部位	
^	^	壁・天井クロス張替え、ハウスクリーニング費用	
^	^	賃借人負担となった部分	
^	^	—	
事例13の脚注	修繕特約は、通常賃貸人の修繕義務を免除したにとどまり、更に特別の事情が存在する場合を除き賃借人に義務を負わせるものではないとした事例 【仙台簡易裁判所判決平8.11.28】	争点となった部位	
^	^	壁・天井・床修繕、畳修理、襖張替え、クリーニング工事、玄関鍵交換、その他修理	
^	^	賃借人負担となった部分	
^	^	（クリーニング、玄関鍵及びその他修理費用は賃借人が支払を容認）	

事例	事案	争点となった部位等	
事例15の脚注	オフィスビルの賃貸借において、賃借人には原状回復条項に基づき通常の使用による損耗・汚損をも除去し賃借当時の状態にして返還する義務があるとされた事例 【東京高等裁判所判決平12.12.27】 判例タイムズ1095-176	争点となった部位	
^^	^^	電気設備撤去、空調設備のオーバーホール工事、塗装工事、内装工事、クリーニング工事等	
^^	^^	賃借人負担となった部分	
^^	^^	電気設備撤去、空調設備のオーバーホール工事、塗装工事、内装工事、クリーニング工事等	

(注意) 該当事例に類似した判例について、各事例で脚注として紹介している。

［事例1］ 毀損・汚損等の損害賠償を定めた特約には通常の使用によるものは含まれないとされた事例

名古屋地方裁判所判決　平成2年10月19日　判例時報1375-117
一審・名古屋簡易裁判所判決　平成元年6月22日
〔敷金0円　追加支払2万円〕

1　事案の概要（原告：賃貸人X　被告：賃借人Y）

　訴外Aは、賃貸人Bとの間で昭和55年8月31日名古屋市内の賃貸マンションについて賃貸借契約を締結し、賃料月額は12万円とされた。同日賃借人YはAの連帯保証人となり、契約当初から利用補助者として本件建物に居住し、その後Bの承諾のもとに訴外Aから賃借権を譲り受けた。昭和60年7月2日、Bが死亡したため、賃貸人Xが相続により賃貸人の地位を承継した。昭和63年4月30日に賃貸借契約が終了し、同日賃借人Yは、本件建物を明け渡した。

　賃貸人Xは、訴外A及び賃借人Yの未払賃料66万1315円を請求するとともに、昭和62年8月の温水器取替え工事費18万5000円及び原状回復のため実施した、畳、襖、障子、クロス及びじゅうたんの張替え費用並びにドア・枠のペンキ塗替え費用50万4200円について、修繕特約（建物専用部分についての修理、取替え（畳、襖、障子、その他の小修繕）は賃借人において行うとする修理特約及び故意過失を問わず毀損、滅失、汚損その他の損害を与えた場合は賃借人が損害賠償をしなければならないとする賠償特約）に基づきその支払を求めて提訴した。

2　判決の要旨

　これに対して裁判所は、
(1)　温水器の取替え費用について、本件修理特約に列挙された修理等の項目が比較的短期間で消耗する箇所に関するものが多く、かつ、その他小修理という一般条項的項目によってまとめられているところ、温水器はかなり長期の使用を予定して設置される設備であると認められる。
(2)　修理特約について、本件修理特約は、一定範囲の小修繕についてこれを賃借人の負担において行う旨を定めるものであるところ、こうした趣旨の特約は、賃貸人の修繕義務を免除することを定めたものであって、積極的

に賃借人に修繕義務を課したと解するには、更に特別の事情が存在することを要する。
(3) 建物の毀損、汚損等についての損害賠償義務を求めた特約は、賃貸借契約の性質上、その損害には賃借物の通常の使用によって生ずる損耗、汚損は含まれないと解すべきである。この点についてみると、ドア等については、通常の使用によっては生じない程度に汚損していたことが認められるが、それ以外の損耗は通常の使用によって生ずる範囲のものである。また、壁クロスの汚損が結露によるものとしても、結露は一般に建物の構造により発生の基本的条件が与えられるものであるから、特別の事情が存しない限り結露による汚損を賃借人の責に帰することはできない。
(4) 以上から、賃借人Yが負担すべき修繕費用としては、ドア等のペンキ塗替え費用相当額（2万円）のみを認めた。

［事例2］ 通常の使用による汚損・損耗は特約にいう原状回復義務の対象にはならないとされた事例

東京地方裁判所判決　平成6年7月1日
〔敷金24万円　返還24万円（全額）〕

1　事案の概要（原告：賃借人X　被告：賃貸人Y）

賃借人Xは、賃貸人Yから昭和62年5月本件建物を賃料12万円で賃借し、その際賃貸人Yに敷金24万円を差し入れた。平成5年4月本件契約は合意解除され、同日賃借人Xは賃貸人Yに本件建物を明け渡したが、賃貸人Yが敷金を返還しないので、その返還を求めた。

賃貸人Yは本件建物の明け渡しを受けた後、畳の裏替え、襖の張替え、じゅうたんの取替え及び壁・天井等の塗装工事を行い、その費用として24万9780円を支出したと主張した。なお、本件契約には、「賃借人Xは賃貸人Yに対し、契約終了と同時に本件建物を現（原）状に回復して（但し賃貸人の計算に基づく賠償金をもって回復に替えることができる）、明け渡さなければならない」という特約があった。

これに対して原審（豊島簡易裁判所判決、判決年月日不明）は、賃借人Xの主張を容認し、賃貸人Yが控訴した。

2 判決の要旨

これに対して裁判所は、
(1) 本件における「原状回復」という文言は、賃借人の故意、過失による建物の毀損や通常でない使用方法による劣化等についてのみその回復を義務付けたとするのが相当である。
(2) 賃借人Xは、本件建物に居住して通常の用法に従って使用し、その増改築ないし損壊等を行うともなく本件建物を明け渡したが、その際又は明け渡し後相当期間内に賃貸人Yや管理人から修繕を要する点などの指摘を受けたことはなかった。
(3) 賃借人Xは本件契約を合意更新するごとに新賃料1か月分を更新料として支払ったが、賃貸人Yは本件建物の内部を見て汚損箇所等の確認をしたり、賃借人Xとの間でその費用負担について話し合うことはなかった。
(4) 以上から、賃借人Xは本件建物を通常の使い方によって使用するとともに、善良な管理者の注意義務をもって物件を管理し、明け渡したと認められるから、右通常の用法に従った使用に必然的に伴う汚損、損耗は本件特約にいう原状回復義務の対象にはならないとし、賃借人Xの請求を認容した原判決は相当であるとして、賃貸人Yの請求を棄却した。

［事例3］　原状回復の特約及び別記の「修繕負担項目」により損耗の程度に応じた賃借人の負担を認めた事例

東京地方裁判所判決　平成6年8月22日　判例時報1521-86
〔敷金0円　追加支払35万8682円〕

1 事案の概要（原告：賃貸人X　被告：賃借人Y）

賃貸人Xは、昭和63年9月16日、賃借人Yに対し、本件建物を賃料月額21万7000円、共益費月額1万8000円で賃貸した。本件契約には、原状回復義務として、契約終了時には賃借人は自己の費用をもって遅滞なく原状回復（その具体的内容は契約書末尾に記載）の処置をとり賃貸人に明け渡す旨の条項があった。

平成4年5月28日、賃借人Yは本件建物を退去したが、賃貸人Xは賃借人Yが平成2年6月分以降の賃料及び共益費を支払わず、また、賃借人Yが退去に

あたり何ら補修をしなかったため、賃貸人Xがカーペットの敷替え、壁等のクロスの張替え等の原状回復工事費用（65万6785円）を支払ったとして、賃借人Yにそれらの支払を求めた。

2　判決の要旨
これに対して裁判所は、
(1)　カーペット敷替えは、それまで行う必要はなく、クリーニング（1万5000円）で十分である。
(2)　クロス張替えは壁・天井ともやむをえない（26万8000円）が、下地調整及び残材処理は賃借人に負担させる根拠はなく、認められない。
(3)　畳表替えは、取替えではなく、裏返しで十分であった（2万1600円）。
(4)　室内クリーニングは、700円／㎡として認められるべきである（5万4082円）が、室外クリーニングは契約の合意項目にないので賃借人Yに負担させるべきでない。
(5)　以上から、賃借人Yは賃貸人Xに35万8682円を支払うよう命じた。
なお、賃借人Yが一審敗訴部分の取消しを求めて控訴した。控訴審（東京高等裁判所判決平成7・12・26、判決の詳細不明）は、賃借人Yの控訴を棄却した。

[事例4]　通常の損耗に関する費用は約定された敷引金をもって当てると解するのが相当であるとされた事例

大阪簡易裁判所判決　平成6年10月12日
〔敷金（保証金）170万円　返還127万5000円（敷引後の全額）〕

1　事案の概要（原告：賃借人X　被告：賃貸人Y）
賃借人Xは、平成2年8月、賃貸人Yと本件建物の賃貸借契約を締結した。賃借人Xは同日賃貸人Yに対し、契約に付帯して保証金170万円を預託した。同保証金については、契約期間2年未満の場合、30％、2年以上の場合、25％をそれぞれ差し引いた残額を返還する旨の約定が付されていた。
賃借人Xはその後本件契約を解約し、平成5年7月本件建物を明け渡した。契約期間及び約定によれば、賃貸人Yは、前記保証金170万円から25％を差し

引いた127万5000円を賃借人Xに返還すべきところ、賃借人Xの使用によって甚だしく汚損され、その原状回復のために、クロス、障子及び襖の張替え、床畳工事並びにクリーニング費用の合計約45万円を要したとして、81万円余を返還したのみであった。賃借人Xは、賃貸人Yが支出した金額程度の原状回復費用は敷引分をもって充てるべきであるとして、残額である46万円余の支払を求めた。

2 判決の要旨

これに対して裁判所は、
(1) 賃貸人Y主張の損害項目のうち、天井クロスの照明器具取付け跡、畳の汚損については、賃借人の通常の使用により自然に生ずる程度の汚れであったことが認められる。
(2) 敷引の約定については、賃借人の通常の使用により賃借物に自然に生じる程度の汚損、即ち通常の汚損に関する費用は一次的には敷引金をもって充てるとの約定を含んでいると解するのが相当であり、右損傷の修復に要する費用は数万円程度を超えるものではなく、敷引金をもって充てるべきである。
(3) その他の損害については、汚損の箇所や範囲、修復に要した費用等についてこれを詳らかになしがたく、他にこれを是認するに足りる証拠はなく、賃貸人Yの主張は採用しがたいとして、賃借人Xの請求を全面的に認めた。

［事例５］ 賃貸借契約書に約定されていた畳表の取替え費用のみが修繕費用として認められた事例

仙台簡易裁判所判決　平成7年3月27日
〔敷金0円　追加支払2万7000円〕

1 事案の概要（原告：管理受託者X　被告：賃借人Y）

賃借人Yは、平成2年3月賃貸人訴外Aから仙台市内のアパートを賃料4万8000円で賃借し、平成6年4月合意解除した。
訴外Aから本件建物の保守管理を委託されていた管理受託者Xは、賃借人Y

の退去後、次の修理を行い、その費用（22万8200円）を支出したとして、賃借人Yに対し不当利得の返還請求を求めた。なお、契約書には、賃借人は畳表の取替えを負担する旨、また、賃借人の責めに帰すべき事由でこの物件を汚損したときは、賃借人は、直ちに原状に回復しなければならない旨規定されていた。

　イ　和室壁張替え　　　4万6400円
　ロ　洋室壁張替え　　　5万6000円
　ハ　玄関台所壁張替え　6万8800円
　ニ　畳表取替え　　　　2万7000円
　ホ　諸経費　　　　　　3万円

2　判決の要旨

これに対して裁判所は、
(1)　契約条項によれば、畳表取替え費用は賃借人Yの負担すべきものと認められる。
(2)　壁の汚損は、賃借人Yの責めに帰すべき事由というよりも、むしろ、湿気、日照、通風の有無、年月の経過によるものと認められ、壁の張替えの費用は賃貸人の負担に属する。
(3)　以上から、管理受託者Xの請求のうち、畳表替えの費用のみ認め、その余は失当であるとして棄却した。

［事例6］　まっさらに近い状態に回復すべき義務ありとするには客観的理由が必要であり、特に賃借人の義務負担の意思表示が必要とされた事例

伏見簡易裁判所判決　平成7年7月18日　消費者法ニュース25-33
〔敷金19万8000円　返還19万8000円（全額）〕

1　事案の概要（原告：賃借人X　被告：賃貸人Y）

賃借人Xは、平成2年4月1日、賃貸人Yとの間で建物について賃貸借契約を締結した。契約期間は2年間、賃料月額6万6000円、敷金19万8000円とされ、賃借人Xは同日賃貸人Yに敷金を支払った。平成4年4月1日の契約更新

時に賃料が5000円増額されたが、敷金の追加支払はなく、賃借人Xは更新料として12万円を同年6月1日に支払った。

賃借人Xは、平成6年1月23日に本件建物を退去して賃貸人Yに明け渡した。

明け渡し時に賃貸人Y側の立会人は、個々の箇所を点検することなく、全面的に改装すると申し渡したので、賃借人Xが具体的に修理等の必要のあるものを指摘するよう要求したところ、後日賃貸人Yから修理明細表が送られてきたが、内容は全面改装の明細であった。賃借人Xが賃貸人Yの通知した修繕等を行わなかったため、賃貸人Yは賃借人Xの負担においてこの修繕等を代行した。

賃借人Xは、建物を明け渡したことによる敷金の返還を求めて提訴した。一方、賃貸人Yは賃貸借契約に基づく明け渡し時の原状回復の特約（契約時点における原状すなわちまっさらに近い状態に回復すべき義務）を賃借人Xが履行しなかったことで、賃貸人Yが負担した畳、襖、クロス及びクッションフロアの張替え並びに清掃費用の合計48万2350円のうち、敷金によって清算できなかった差額金28万4350円の支払を求めて反訴した。

2　判決の要旨

これに対して裁判所は、
(1) 動産の賃貸借と同様、建物の賃貸借においても、賃貸物件の賃貸中の自然の劣化・損耗はその賃料によってカバーされるべきであり、賃借人が、明け渡しに際して賠償義務とは別個に「まっさらに近い状態」に回復すべき義務を負うとすることは伝統的な賃貸借からは導かれず、義務ありとするためには、その必要があり、かつ、暴利的でないなど、客観的理由の存在が必要で、特に賃借人がこの義務について認識し、義務負担の意思表示をしたことが必要である。
(2) 本件契約締結の際に当該義務の説明がなされたと認められる証拠はなく、重要事項説明書等によれば、賃借人の故意過失による損傷を復元する規定であるとの説明であったと認められる。
(3) 以上から、賃貸人Yの主張を斥け、賃借人X支払済の敷金全額の返還を命じた。

［事例7］　原状回復の特約条項は故意過失又は通常でない使用による
　　　　　損害の回復を規定したものと解すべきとした事例

東京簡易裁判所判決　平成7年8月8日
〔敷金33万4000円　返還32万1000円〕

1　事案の概要（原告：賃借人X　被告：賃貸人Y）

　賃借人Xは、昭和60年3月16日、賃貸人Yとの間で都内の賃貸住宅について賃貸借契約を締結した。賃料月額16万7000円、敷金33万4000円であった。賃借人Xは、平成7年12月1日に本件建物を退去して賃貸人Yに明け渡した。賃貸人Yは、その後原状回復費用としてビニールクロス張替え費用等22項目合計56万5600円を支出し、本件契約の「明け渡しの後の室内建具、襖、壁紙等の破損、汚れは一切賃借人の負担において原状に回復する」との条項により、敷金を充当したとして一切返還しなかった。

　このため賃借人Xは、入居期間中に破損した襖張替え費用1万3000円を差し引いた32万1000円の返還を求めて提訴した。

2　判決の要旨

　これに対して裁判所は、
(1)　建物賃貸借契約に原状回復条項があるからといって、賃借人は建物賃借当時の状態に回復すべき義務はない。賃貸人は、賃借人が通常の状態で使用した場合に時間の経過に伴って生じる自然損耗等は賃料として回収しているから、原状回復条項は、賃借人の故意・過失、通常でない使用をしたために発生した場合の損害の回復について規定したものと解すべきである。
(2)　部屋の枠回り額縁のペンキ剥がれ、壁についた冷蔵庫の排気跡や家具の跡、畳の擦れた跡、網戸の小さい穴については、10年近い賃借人Xの賃借期間から自然損耗であり、飲み物をじゅうたんにこぼした跡、部屋の家具の跡等については、賃借人が故意、過失または通常でない使用をしたための毀損とは認められない。
(3)　以上から、賃借人Xの請求を全面的に認めた。

※　同様の趣旨で、賃借人の請求を全面的に認めた判例として、
　　① 平成8年3月19日東京簡易裁判所判決
　　② 平成9年2月18日川口簡易裁判所判決
　　③ 平成9年6月10日京都地方裁判所判決
　　④ 平成9年7月2日神奈川簡易裁判所判決
　　⑤ 平成15年4月4日福知山簡易裁判所判決（少額訴訟）
がある。

［事例8］　修理・取替え特約は賃貸人の義務を免除することを定めたものと解され自然損耗等について賃借人が原状に復する義務を負っていたとは認められないとされた事例

　　　　　　　　　　　　京都地方裁判所判決　平成7年10月5日
　　　　　　　　　　　　一審・京都簡易裁判所判決　平成6年11月22日
　　　　　　　　　　　　〔敷金30万円　返還29万7641円〕

1　事案の概要（原告：賃貸人X　被告：賃借人Y）

　賃貸人Xは、昭和62年5月、本件建物を訴外賃借人Aに賃料6万8000円、敷金30万円、礼金27万円、更新料20万4000円で賃貸し、引き渡した。訴外賃借人Aは平成4年9月死亡し、賃借人Yが訴外賃借人Aの地位を承継した。本件契約は平成4年11月合意解除され、同年12月本件建物は賃借人Yから賃貸人Xに引き渡された。
　賃貸人Xは、本件特約（所定の修理、取替えに要する費用は借主負担）は、借家法6条に反せず、特約による賃借人Yの修繕義務は、契約期間中に限らず終了時にも適用され、賃借人Yは本件特約を明記した解約通知書に署名押印し、合意解除したとして、賃借人Yに対し11箇所（クロス、床及び襖の張替え、畳裏返し・表替え、塗装工事、設備の取替え等）の修理費用（72万7592円）と敷金30万円の差額並びに未払水道料金2359円の合計額42万9951円の支払を求めた。これに対して、賃借人Yは修繕義務を否定し、敷金の返還を求めて反訴した。

2 判決の要旨

これに対して第一審(京都簡易裁判所判決)は、
(1) 賃貸物の修理を借主の負担とする特約もあながち無効とするまでもないが、賃料の他多額の更新料、礼金、敷金の支払われている事実等に鑑みれば、借主の通常の使用中に生じた汚損等は右借主の支払った出資で賄うべく、本件特約にいう借主の負担する修理義務の範囲は、右の域を超えた借主の故意又は重大な過失に基づく汚損等の修理を意味すると解するのが相当である。
(2) 本件契約は、新しく改築した建物につき締結されたが、賃借人Yに本件契約開始時の状況を復元維持する義務まで課したものではない。
(3) 賃貸人Xが修理を必要とする汚損部分は、いずれも通常の使用によるもの経年によるものばかりであり、賃借人Yの負担部分はない。
(4) 以上から、賃貸人Xは賃借人Yに対して敷金30万円から未払水道料金2359円を控除した29万7641円の返還義務があるとした。

賃貸人Xが控訴した。

これに対して第二審(京都地方裁判所判決)は、
(1) 本件修理・取替え特約の趣旨は、賃貸借契約継続中における賃貸人の修繕義務を免除することを定めたものと解される。
(2) 本件契約においては、賃貸目的物の通常の使用利益に伴う自然の損耗や汚損について、賃借人が積極的にその修繕等の義務を負担し、あるいは、賃貸目的物の返還にあたって、自然の損耗等についての改修の費用を負担して賃貸当初の原状に復する義務を負っていたとは認められない。
(3) 以上から、原判決は相当であるとして、本件控訴を棄却した。

なお、上告審(大阪高等裁判所判決平成8年3月19日)も控訴審判決を維持した。

［事例9］　賃借人の手入れにも問題があったとして、カビの汚れについて賃借人にも2割程度の負担をすべきとした事例

横浜地方裁判所判決　平成8年3月25日
一審・保土ヶ谷簡易裁判所判決　平成7年1月17日
〔敷金21万4000円　返還18万4000円〕

1　事案の概要（原告：賃借人X　被告：賃貸人Y）

賃借人Xは、平成元年7月2日、賃貸人Yとの間で横浜市内のマンション（新築物件）の賃貸借契約を締結した。契約期間は2年間、賃料月額9万7000円、敷金19万4000円とし、賃借人Xは同日賃貸人Yに敷金を交付した。平成3年7月2日の契約更新時に賃料が1万円増額され、その結果敷金も2万円増額されたので、賃借人Xは同日賃貸人Yに敷金を追加交付した。平成6年3月31日賃貸借契約は合意解除され、同日賃借人Xはマンションを賃貸人Yに明け渡した。

賃貸人Yは、賃借人Xが通常の使用による損害以上に損害を与えたため、以下の補修工事を実施し、46万9474円を出捐し、敷金を充当したので、敷金は返還できないと主張したことから、賃借人Xが、交付済みの敷金21万4000円の返還を求めて提訴した。

・工事内容
　イ　畳六畳の裏返し
　ロ　洋間カーペットの取替え並びに洋間の壁・天井、食堂、台所、洗面所、トイレ、玄関の壁・天井の張替え
　ハ　網入り熱線ガラス二面張替え
　ニ　トイレ備え付けタオル掛けの取付け

2　判決の要旨

これに対して裁判所は、
(1) 畳は、入居者が替わらなければ取り替える必要がない程度の状態であったから、その程度の損耗は通常の使用によって生ずる損害と解すべきである。
(2) 洋間カーペット、洋間の壁・天井等は、カビによる染みがあったために

取り替えたものであるが、本件建物が新築であったために壁等に多量の水分が含有されていたことは経験則上認められ、また、居住者がことさらにカビを多発せしめるということは到底考えられないし、また賃借人Xがそのような原因を作出したとは認められない。
(3) 網入りガラスは、熱膨張により破損しやすいところ、賃借人Xが破損に何らかの寄与をしたとは認められない。
(4) トイレのタオル掛けの破損も、石膏ボードに取り付けられた場合、その材質上、取れ易いことは経験則上明らかである。
(5) 以上から、各損害はいずれも通常の使用により生ずる損害、損耗であり、賃貸人Yが負担すべきとして、賃借人Xの請求を全面的に認めた。

賃貸人Yが一審判決を不服として横浜地方裁判所に控訴した。
これに対して裁判所は、
(1) 洋間カーペット、洋間の壁、洗面所、トイレ及び玄関の天井及び壁に発生したカビについて、相当の程度・範囲に及んでいたこと、本件建物の修繕工事をした業者が同一建物内の他の建物を修繕したが、そこには本件建物のような程度のカビは発生していなかったことから、本件建物が新築でカビが発生しやすい状態であったことを考慮しても、賃借人Xが通常の態様で使用したことから当然に生じた結果ということはできず、賃借人Xの管理、すなわちカビが発生した後の手入れにも問題があったといわざるを得ない。
(2) カビの汚れについては、賃借人Xにも2割程度責任があり、「故意、過失により建物を損傷した有責当事者が損害賠償義務を負う」旨の契約条項により、賃借人Xは本件カーペット等の修繕費15万5200円のうち、3万円を負担すべきである。
(3) 以上から、原判決（保土ヶ谷簡易裁判所）を変更し、賃借人Xが請求できるのは、敷金21万4000円から3万円を差し引いた18万4000円とした。

第3章　原状回復にかかる判例の動向 ●87

［事例10］　原状回復義務ありとするためには義務負担の合理性、必然性が必要であり更に賃借人がそれを認識し又は義務負担の意思表示をしたことが必要とした事例

伏見簡易裁判所判決　平成9年2月25日
〔敷金21万6000円　返還6万6140円〕

1　事案の概要（原告：賃借人X　被告：賃貸人Y）

　賃借人Xは、平成3年4月10日、賃貸人Yより本件建物を賃料7万2000円、敷金21万6000円（明け渡し後に返還）の約定で賃借した。本件賃貸借契約書には、賃借人は本件建物を明け渡す際には、賃貸人の検査を受け、その結果賃貸人が必要と認めた場合は、畳、障子、襖、壁等を賃貸開始時の原状に回復しなければならないとする条項があった。

　賃借人Xは、平成7年8月31日本件建物を退去した。明け渡し時に賃貸人Y側からはBが立ち会い、Bは要修理箇所を書き出し、賃借人Xの負担すべき補修費用を36万8490円と算出し、賃借人Xに通知した。しかし、賃借人Xが賃貸人Yの通知した補修（畳表替え、襖・クロス・クッションフロア張替え及び室内清掃）を行わなかったので、賃貸人Yは賃借人Xの負担においてこの補修を代行した。

　賃借人Xは、賃貸人Yが敷金を返還しないとして敷金21万6000円の支払を求めたのに対し、賃貸人Yは補修費用36万8490円と敷金の差額15万2490円の支払を求めて反訴した。

2　判決の要旨

　これに対して裁判所は、
(1) 補修のうち、賃借人Xの責めに帰すべき事由によるものは、賃借人Xが冷蔵庫背面の排熱を考慮しなかったことによる壁面の黒い帯、賃借人Xの過失による床のタバコの焦げ跡、賃借人X退去の際、賃借人X側の者が家具を倒したことによる畳の凹み、以上3点の補修費用14万9860円である。
(2) 賃貸人Yの主張するように、退去にあたって、内装等を賃貸開始時の状態にする義務ありとするためには、原状回復費用という形で実質的賃料を追徴しなければならない合理性、必然性が必要であり、さらに賃借人がそ

の合理性、必然性を認識し又は認識しうべくして義務負担の意思表示をしたことが必要である。
(3) 本件契約締結にあたり、原状回復義務の規定及びかかる義務負担の合理性、必然性についての説明があったとは認められない本件においては、賃借人Xが賃貸人Y主張のような原状回復義務を負担する意思を有していたとは認められず、また、そう認識すべき場合でもなく、結局、その効力は認められない。
(4) 以上から、賃借人Xの敷金返還請求のうち、賃借人Xの責めに帰すべき損傷の補修費用を控除した6万6140円の支払を認め、賃貸人Yの反訴請求を棄却した。

[事例11] 賃借人に対して和室1室のクロス張替え費用及び不十分であった清掃費用の支払を命じた事例

春日井簡易裁判所判決　平成9年6月5日
〔敷金17万4000円　追加支払5万8940円〕

1　事案の概要（原告：賃借人X　被告：賃貸人Y）

　賃借人Xは、賃貸人Yの父親との間で平成2年4月16日、春日井市内のマンションの賃貸借契約を締結した。当初契約期間は2年（以後1年毎の自動更新）、賃料月額6万4000円（契約終了時は7万4000円）、敷金17万4000円とされた。なお、賃貸人Yの父親が平成3年12月15日に死亡したため、賃貸人Yが賃貸人の地位を承継した。賃借人Xは、本件契約が平成8年3月23日に終了したので、同日、賃貸人Yに本件建物を明け渡した。
　退去日に賃借人X、賃貸人Yの妻、宅建業者の三者の立会いにより、修繕箇所の点検・確認作業を行った。その結果、賃借人Xは、畳表、クロスの張替え費用の一部については、負担を認めたが、賃貸人Yは賃借人Xの本件建物の使用状況が通常の使用に伴って発生する自然的損耗をはるかに超えるものとし、修繕及び清掃を実施して、その費用を支出した。
　賃借人Xは、賃貸借契約終了により、敷金17万4000円のうち補修費用6万2700円を控除した11万1300円及び前払賃料の日割り分1万9225円の返還を求めて提訴した。これに対し、賃貸人Yは、修繕費用及び清掃費用の合計30万7940

円と敷金17万4000円及び賃料日割返還分1万9225円の合計19万3225円とを相殺した11万4715円の支払を求めて反訴した。

2　判決の要旨

これに対して裁判所は、
(1) 和室Bのクロスについては、賃借人Xの行為により毀損したものは全体の一部分であるからといって、その部分のみを修復したのでは、部屋全体が木に竹を継いだような結果となり、結局部屋全体のクロスを張替え修復せざるをえないことになるが、それはとりもなおさず賃借人Xの責によるものであるといわざるを得ない。
(2) 和室Bの畳、和室A及び洗面所のクロスについては、賃貸人Yが主張するように通常の使用にともなって発生する自然的損耗をはるかに超える事実を認めるに足りる証拠はなく、和室Aの畳表替え、和室B等のクロスの張替えをする必要があるからといって、それとのバランスから和室Bの畳表替えや和室A及び洗面台のクロスについてそれをも賃借人Xに修繕義務を負わせるのは酷であり、不当であり、賃貸人Yの負担においてなすべきである。
(3) 賃貸人Yが清掃費用を支払うこととなったのは、賃借人Xの退去時の清掃の不十分さに起因するものである。
(4) 以上から、賃借人Xは賃貸人Yに対し、修繕費用21万2940円及び清掃費用2万円の合計23万2940円の支払義務があり、したがって、賃借人Xは賃貸人Yに差し入れている敷金及び日割計算による前払賃料の返還金の合計額19万3225円と対等額で相殺しても、なお3万9715円を支払う義務があるとした。

なお、賃借人Xが控訴したが、その後、賃借人Xの負担を敷金相当額とする和解が成立した模様。

[事例12] 更新時に追加された原状回復の特約は賃借人が自由な意思で承諾したとは認められないとされた事例

東京簡易裁判所判決　平成11年3月15日
〔敷金20万円　返還19万25円〕

1　事案の概要（原告：賃借人X　被告：賃貸人Y）

賃借人Xは、平成3年8月、賃貸人Yと賃貸借契約を締結し、敷金20万円を差し入れた。その後、賃借人Xと賃貸人Yは本件契約を平成5年、7年、9年と更新し、平成11年本件契約を合意解除した。賃借人Xは本物件を賃貸人Yに明け渡した。

賃借人Xが、明け渡し後、敷金20万円の返還を求めたところ、賃借人Yは、引渡し時の原状に回復すべき旨の特約のある平成9年の更新契約により、賃借人Xは原状回復費用として、クロス・カーペット・クッションフロア工事費用、畳表替え・襖費用及び室内清掃費用の合計36万5400円を負担すべきであり、敷金からこれを控除すると、敷金から返還すべきものはないと主張した。

これに対し賃借人Xは、自然損耗についての原状回復義務はないとして、敷金のうち畳の表替え費用6300円を除く19万5400円の返還を求めて提訴した。

2　判決の要旨

これに対して裁判所は、
(1) 建物賃貸借契約の終了時に賃借人が負う原状回復義務は、通常の使用によって生じる貸室の損耗、汚損等を超えるものについて生じ、賃借人の故意、過失による建物の毀損や、通常でない使用による毀損や劣化等についてのみ、その回復を義務付けたものである。
(2) 特約により全費用を負担させることも、契約締結の際の事情等の諸般の事情を総合して、特約に疑問の余地のないときは、賃借人はその義務を負担することになるが、①本件特約は、平成7年までの契約にはなく、また、特約が加えられたことについても特に説明がなされていない、②賃借人Xは、一部を除いて通常の用法に従って本件建物を使用しており、台所の天井のクロスの剥がれは雨漏りによるもので、クロスの一部汚損の痕跡

は入居当初からあり、襖は当初から新品ではない、③また、更新の際、賃借人Xは更新料を支払っている、④賃貸人Y主張のように当初の賃貸借契約以降も本件特約の効力が及ぶものとすれば、賃借人Xは予期しない負担を被る結果になる、⑤してみると本件特約は、賃貸人Yの主張で見る限り、賃借人Xはその特約の趣旨を理解し、自由な意思で承諾したものとはみられない。

(3) 本件建物のクロス、カーペット、畳、襖、トイレ等の損耗、汚損等については、畳表1枚の一部焦げ跡と冷蔵庫の下のさび跡を除いて、賃借人Xの故意、過失や通常でない使用により、毀損、劣化等を生じさせたとは認められない。

(4) 以上から、賃借人Xは負担すべき費用として、畳表1枚の費用6300円、冷蔵庫下のクッションフロア費用3675円の合計9975円のみを認めた。

［事例13］ 特約条項に規定のないクリーニング費用等の賃借人による負担が認められなかった事例

仙台簡易裁判所判決　平成12年3月2日
〔敷金16万5000円　返還5万9955円〕

1　事案の概要（原告：賃貸人X　被告：賃借人Y）

賃借人Yは、平成9年11月、賃貸人Xと賃貸借契約を締結し、敷金として16万5000円を差し入れた。

賃借人Yは、平成11年5月、賃貸人Xと本件契約を合意解除し、本物件を賃貸人Xに明け渡したが、賃貸人Xは賃借人Yに対し、原状回復費用として、①畳修理代5万7330円、②襖張替え代3万3600円、③フロア張替え代7万6062円、④室内クリーニング代3万6750円、⑤水道未払費用1万4115円の合計21万7857円の支払を求め、敷金との差額5万2857円を請求し提訴した。

これに対し賃借人Yは、①、②及び⑤の合計10万5045円の支払は認めるが、その他の費用負担については、本件契約書の費用負担の特約に規定されておらず、説明も受けていない。本件貸室の使用は正常でかつ善管注意をもってなし、通常の使用によって生ずる損耗、汚損を超えるものではないから、支払義務はないと主張した。

2　判決の要旨

これに対して裁判所は、
(1) 本件契約の賃借人の費用負担特約条項には、フロアの張替え及びクリーニングの費用負担の規定はない。
(2) 賃貸物件の通常の使用による損耗、汚損を賃借人の負担とすることは、賃借人に対し、法律上、社会通念上当然発生する義務とは趣を異にする新たな義務を負担させるというべきであり、これを負担させるためには、特に、賃借人が義務を認識し又は認識し得べくして義務の負担の意思表示をしたことが必要であるが、本件においてはこれを認めるに足りる証拠はない。
(3) 本件貸室において、賃借人Yが、その居住期間中に通常の使用方法によらず生じさせた損耗、汚損があったと認めるに足りる証拠はない。したがって、賃借人Yには、フロアの張替え及び室内クリーニング費用の支払義務はない。
(4) 以上から、賃借人Yの主張を全面的に認めた。

※　同様の趣旨の判例として、平成8年11月28日仙台簡易裁判所判決がある。

［事例14］　通常損耗を賃借人の負担とする特約が否認された事例

　　　　　　大阪高等裁判所判決　平成12年8月22日　判例タイムズ1067-209
　　　　　　一審・豊中簡易裁判所判決　平成10年12月1日
　　　　　　二審・大阪地方裁判所判決　平成11年10月22日
　　　　　　〔敷金37万5000円　差戻後和解・和解の内容は不明〕

1　事案の概要（原告：賃借人X　被告：賃貸人Y）

賃借人Xは、平成8年3月、賃貸人Yと月額賃料12万円余で賃貸借契約を締結し、敷金として37万5000円差し入れた。

本件契約書には、「借主は、本契約が終了したときは、借主の費用をもって本物件を当初契約時の原状に復旧させ、貸主に明け渡さなければならない」という条項（21条）があった。また、賃借人Xは、媒介業者から「本物件の解約明け渡し時に、借主は契約書21条により、本物件を当初の契約時の状態に復旧

させるため、クロス、建具、畳、フロア等の張替費用及び設備器具の修理代金を実費にて清算されることになります。」と記載された覚書を受領し、署名押印して媒介業者に交付した。

賃借人Xは、平成10年7月、賃貸人Yに本物件を明け渡し、本件賃貸借契約は終了した。ところが、賃貸人Yは本件契約に基づく原状回復費用として、通常損耗分も含めて、敷金を上回る支出をしたとして、敷金の返還を拒んだため、賃借人Xは、通常損耗に対する補修費用は賃借人の負担とはならないとして、24万4600円の返還を求めて提訴した。

これに対し、賃貸人Yは、賃借人Xには本契約書21条及び覚書に基づき要した、壁・天井クロス及び障子の張替え、洗面化粧台取替え並びに玄関鍵交換費用等の合計48万2265円を支払う義務があるとし、この修理費用等請求権をもって敷金返還請求権を相殺するとの意思表示を行い、さらに反訴請求として賃借人Xに対し、修理費用請求権残額等合計10万7265円の支払を求めた。

一審（豊中簡易裁判所）及び二審（大阪地方裁判所）において裁判所はいずれも、本件契約書及び覚書の記載は、通常損耗による原状回復義務を賃借人に負わせるものと判断して、賃借人Xの請求を棄却した。賃借人Xは、これを不服として上告した。

2 判決の要旨

これに対して裁判所は、

(1) 建物賃貸借において特約がない場合、賃借人は、①賃借人が付加した造作を取り除き、②通常の使用の限度を超える方法により賃貸物の価値を減耗させたとき（例えば、畳をナイフで切った場合）の復旧費用を負担する義務がある。

　　しかし、①賃貸期間中の経年劣化、日焼け等による減価分や、②通常使用による賃貸物の減価（例えば、冷暖房機の減価、畳の擦り切れ等）は、賃貸借本来の対価というべきであって、賃借人の負担とすることはできない。

(2) もし、上記の原則を排除し通常損耗も賃借人の負担とするときには、契約条項に明確に定めて、賃借人の承諾を得て契約すべきであるが、本件賃貸借契約書21条の「契約時の原状に復旧させ」との文言は、契約終了時の賃借人の一般的な原状回復義務を規定したものとしか読むことはできない。

(3) また、本件覚書は、本件契約書21条を引用しているから、これを超える定めをしたとはいえず、通常損耗を賃借人が負担すると定めたものとは解されない。
(4) 以上から、原判決の判断は契約の解釈を誤ったものであって、破棄を免れない。そして、賃貸人の支出した費用が通常損耗を超えるものに対するものであったかどうかについて審理する必要があるとして、本件を原裁判所に差し戻した。

［事例15］ 通常損耗分を含めた原状回復義務の特約が有効とされた事例

東京地方裁判所判決　平成12年12月18日　判例時報1758-66
一審・東京簡易裁判所判決　平成12年6月27日
〔敷金22万5000円　追加支払1万3875円〕

1　事案の概要（原告：賃借人X　被告：賃貸人Y）

賃借人Xは、平成6年3月、賃貸人（サブリース業者）Yと月額賃料7万5000円で賃貸借契約を締結し、敷金22万5000円を差し入れた。

本件契約書には、赤の不動文字で記載された「賃借人は、本件建物を明け渡すときは、畳表の取替え、襖の張替え、クロスの張替え、クリーニングの費用を負担する。」旨の特約が付され、賃借人Xと賃貸人Yはその旨合意した。

賃借人Xは、平成11年5月、本契約を賃貸人Yと合意解除し、賃借物件を賃貸人Yに明け渡したが、賃貸人Yは、賃借人Xに対し本件建物は新築で賃貸したものであるが、通常の使用では生じない汚損・損耗があり、汚損状況は賃借人Xの放置によるものとして、本件契約の特約条項に基づき、5月分の前家賃4万1130円及び敷金22万5000円の合計額から畳表の取替え費用等23万8875円を相殺し、精算金2万7255円を賃借人Xに返還した。

これに対し賃借人Xは、本件特約は公序良俗に反し無効である。また、特約条項に基づく費用額が敷金よりも高額になることを契約時及び更新時に一切知らされていない。本件建物は住宅金融公庫融資物件であり、住宅金融公庫法は、自然損耗による畳等の原状回復費用を賃借人に負担させることを禁止しており、本件特約は無効である。さらに、重要事項説明で特約条項の説明がなか

ったのは宅建業法違反であるとして、敷金等精算残金23万8875円の返還を求めて提訴した。

一審（東京簡易裁判所）は賃借人Xの請求を一部認めたが、賃借人Xはこれを不服として控訴し、賃貸人Yからも付帯控訴がなされた。

2 判決の要旨

これに対して裁判所は、
(1) 本件特約条項による負担額を具体的に算出することは契約時には困難である。
(2) 住宅金融公庫法の規定については、賃貸人自身が公庫融資を受けたものではない等により同法違反を理由とする本件特約条項の無効は主張には理由がない。また、賃貸人には宅建業法の規制は及ばない。
(3) 消費者保護の観点も重要であるが、私法上、私的自治の原則が重要な私法原理であって自己の意思に基づいて契約を締結した以上は、その責任において、契約上の法律関係に拘束されるのが大前提である。
(4) 契約内容を限定するには、当事者の意思自体が当該条項に限定的な意味を与えたに過ぎないと認められる場合、契約条項の文言から限定解釈が可能である場合、当該契約関係が私的自治の原則を覆滅させてでも修正されなければならないほど不合理・不平等な結果をもたらすものであり、強行法規や公序良俗違反という一般条項の適用が可能な場合でなければならない。
(5) 本件特約条項が公序良俗に反するとは認めがたく、特約条項が自然損耗分を含まないと解釈するのは困難であり、本件特約条項は拘束力を持つといわざるを得ない。
(6) 以上から、賃借人Xの控訴は理由がないとして棄却し、賃貸人Yの付帯控訴に基づき原判決の賃貸人Yの敗訴部分を取り消した。

※ 他にオフィスビルの賃貸借において、賃借人には「原状回復条項に基づき、通常の使用による損耗、汚損をも除去し、賃借当時の状態に原状回復して返還する義務があるというべきである」と判示した、平成12年12月27日東京高等裁判所判決がある。

［事例16］　敷引きの特約は有効とされたが修繕費用は通常の使用による自然損耗分を除く7万円余に減額された事例

神戸地方裁判所判決　平成14年6月14日
〔敷金70万円　返還34万7655円（敷引28万円）〕

1　事案の概要（原告：賃借人X　被告：賃貸人Y）

賃借人Xは、平成7年7月、賃貸人Yと月額賃料7万円余とする賃貸借契約を締結し、敷金70万円（敷引金28万円）を差し入れた。

本件契約においては、敷金の返還等として、「賃貸人は、本契約が終了し、賃借人が賃貸人に対し本件建物の明け渡し及び本件契約に基づく債務の履行を完了した後1か月以内に、敷引金28万円を控除した残額を賃借人に返還するものとする。」「賃借人に債務の不履行があるときは、賃貸人は、何時にても、敷金を前提の返還金額の限度内でその弁済に充当することができる。ただし、賃借人からこの充当を請求することはできない。」と約定されていた。

賃借人Xは、平成12年12月、本件契約を賃貸人Yと合意解除し本件建物を賃貸人Yに明け渡した。賃貸人Yは、その後賃借人Xに対し、敷金から敷引金並びに襖・壁・床の張替え及びハウスクリーニング費用等26万2993円の補修費を控除した15万7007円を返還した。

賃借人Xは賃貸人Yに対し、敷金は本件契約期間における未払賃料や建物を毀損した場合の修理費用等に充当することを予定して預けたもので、本件敷引約定に基づく敷引金28万円の使途及び性質については、本件契約時において何らの説明がなく、契約書にも何らの記載がないから、本件敷引約定は不合理であり無効であるとして、敷金のうち54万2993円（敷金70万円から返還を受けた15万7007円を控除した額）の返還を求めて提訴した。

2　判決の要旨

これに対して裁判所は、
(1)　本件敷引約定の有効性について
　①　一般に、建物賃貸借において、敷金ないし保証金の一部を敷引金として、その使途及び性質を明示することなく賃貸人が取得する旨を定めたいわゆる敷引約定はしばしばみられる。

② 敷引約定は、一般的には、賃貸借契約成立の謝礼、賃料の実質的な先払い、契約更新時の更新料、建物の自然損耗による修繕に必要な費用、新規賃借人の募集に要する費用や新規賃借人入居までの空室損料等さまざまな性質を有するものにつき、渾然一体のものとして、一定額の金員を賃貸人に帰属させることをあらかじめ合意したものと解される。

③ 敷引約定はそれなりの合理性を有するものと認められるから、その金額が著しく高額であって暴利行為に当たるなどの特段の事由がない限り、その合意は有効である。

④ 本件敷引も、建物の自然損耗による修繕に必要な費用に充てられるものとして、あらかじめ一定額の金員を賃貸人Yに帰属させることを合意したものと認められ、また、その額についても特に著しく高額であるとか、その他これを無効とすべき事由があるとは認められない。

敷引約定は有効な約定と解され賃借人Xの主張は採用できない。

(2) 本件敷金から控除すべき修繕費用について

① 一般に賃借人は、通常の使用収益に伴って生ずべき自然損耗は別として、その程度を超えて賃借人の保管義務違反等の責に帰すべき事由によって賃借物を毀損等した場合は、賃借物の返還に際し、これを修復して賃借当初の原状に復すべき義務を負っている。

② 賃借人が、賃貸借契約終了後、修理義務のある毀損等の箇所を未修理のまま放置して顧みないときは、賃貸人は、賃借人に対し、その不履行によって生じた損害賠償として修繕費用の支払を求めることができるし、これを敷金から控除してその弁済に充てることができる。

③ 賃借人Xが負担すべき修繕費用として敷金から控除できるのは、郵便ポストの取替え費用並びに襖・壁・床の張替え、畳表替え及び清掃費用の一部の合計7万2345円と認定される。

④ 以上から、賃貸人Yは賃借人Xに対し、敷金70万円から敷引金28万円、既に返還済みの敷金15万7007円及び修繕費用7万2345円を控除した19万648円の返還義務を負うとした。

［事例17］　経過年数を考慮した賃借人の負担すべき原状回復費用が示された事例

東京簡易裁判所判決　平成14年7月9日
〔敷金14万2000円　返還9万3294円〕

1　事案の概要（原告：賃借人Ｘ　被告：賃貸人Ｙ）

賃借人Ｘは、平成11年3月、賃貸人Ｙと賃料月額7万1000円で賃貸借契約を締結し、敷金14万2000円を差し入れた。

賃借人Ｘは、平成13年3月、本件契約を賃貸人Ｙと合意解除し、本物件を賃貸人Ｙに明け渡したが、賃貸人Ｙは賃借人Ｘに対し、本物件の壁ボードに空けられた穴、その他の修理費及び清掃業者による清掃費用等、原状回復費用として合計24万4100円を支出したとして、賃借人Ｘに返還すべき敷金14万2000円及び日割戻し賃料1万1774円の合計15万3774円を対等額で相殺した後の残金9万326円の支払を求めて提訴した。

他方、賃借人Ｘは、敷金の精算に関しては、壁ボードの穴の修理費用のほかは、賃借人Ｘの負担部分はない、その修理費用は保険の適用を受けて支払うとして、敷金を含む15万3774円の支払を求めて提訴した。

2　判決の要旨

これに対して裁判所は、
(1)　壁ボードの穴については、賃借人Ｘの過失によるものであることに争いがないので、賃借人Ｘは修理費用全額1万5000円を負担すべきである。
(2)　壁ボード穴に起因する周辺の壁クロスの損傷については、少なくとも最小単位の張替えは必要であり、これも賃借人Ｘが負担すべきである。なお、その負担すべき範囲は約5㎡であり、本件壁クロスは入居の直前に張替えられ、退去時には2年余り経過していたから残存価値は約60%である。そうすると賃借人Ｘが負担すべき額は、㎡単位1700円に5を乗じた金額の60%である5100円となる。
(3)　台所換気扇の焼け焦げ等は、賃借人Ｘの不相当な使用による劣化と認められる。

なお、換気扇が設置後約12年経過していることから、その残存価値は新

規交換価格の10%と評価される。よって賃借人Xは換気扇取替え費用2万5000円の10%の2500円を負担すべきである。
(4) 証拠によれば、賃借人Xの明け渡し時に、通常賃借人に期待される程度の清掃が行われていたとは認められず、賃貸人Yが業者に清掃を依頼したことはやむを得ないものと認められる。そして、清掃業者は居室全体について一括して受注する実情に照らせば、賃借人Xは、その全額3万5000円について費用負担の義務がある。
(5) 以上から、賃借人Xが請求できるのは、返還されるべき敷金及び日割戻し賃料から6万480円（上記の合計及び消費税額）を差引いた9万3294円とした。

[事例18] ペット飼育に起因するクリーニング費用を賃借人負担とする特約が有効とされた事例

東京簡易裁判所判決　平成14年9月27日
〔敷金41万7000円　返還35万7360円〕

1　事案の概要（原告：賃借人X　被告：賃貸人Y）

賃借人Xは、平成12年4月、賃貸人Yと月額賃料13万9000円で賃貸借契約を締結し、敷金41万7000円を差し入れた。

本件契約書には、「本契約解約時における①室内のリフォーム、②壁・付属部品等の汚損・破損の修理、クリーニング、取替え、③ペット消毒については、賃借人負担でこれらを行うものとする。なお、この場合専門業者へ依頼するものとする。」との特約が付されていた。なお、本物件はペット可であったので、賃借人Xは、居住期間のうち約3か月にわたり、小型犬であるチワワを、ほとんど飼育用のケージ内で飼育していた。

賃借人Xは、平成13年12月、本件契約を賃貸人Yと合意解除し本物件を賃貸人Yに明け渡した。

賃貸人Yは、本件特約等に基づく原状回復費用として、クロス、クッションフロア張替費用、クリーニング費用等の合計50万745円の支払を求めた。

これに対し賃借人Xは、通常損耗以上の損害を与えた事実はなく、賃借人Xの負担すべき費用はないとして、敷金全額の返還を求めて提訴した。

2 判決の要旨

これに対して裁判所は、

(1) 通常の建物の賃貸借において、賃借人が負担する「原状回復」の合意とは、賃借人の故意、過失による建物の毀損や通常の使用を超える使用方法による損耗等について、その回復を約定したものであって、賃借人の居住、使用によって通常生ずる損耗についてまで、それがなかった状態に回復することを求めるものではないと解するのが相当である。

(2) しかし、修繕義務に関する民法の原則は任意規定であるから、これと異なる当事者間の合意も、借地借家法の趣旨等に照らして賃借人に不利益な内容でない限り、許されるものと解される。

(3) 本件特約のうち、①室内リフォームのような大規模な修繕費用を何の規定もなく賃借人の負担とする合意は、借地借家法の趣旨等に照らしても無効といわざるを得ず、②壁・付属部品等の汚損・破損の修理、クリーニング、取替えについては、前記(1)と同趣旨の原状回復の定めにすぎないと解される。しかし、③ペットを飼育した場合には、臭いの付着や毛の残存、衛生の問題等があるので、その消毒の費用について賃借人負担とすることは合理的であり、有効な特約と解される。

(4) 以上を前提とすると、①クロスについては、賃借人Xの故意・過失によって破損等の損害を生じさせた事実は認められず、ペット飼育による消毒のためであれば、張替えるまでの必要性は認められない。②クッションフロアには、賃借人Xがつけたタバコの焦げ跡があり、その部分の補修費用3800円及び残材処理費3000円は賃借人Xの負担とするのが相当である。③クリーニングについては、実質的にペット消毒を代替するものと思われ、賃借人負担とする特約は有効と認められるので、その費用全額5万円は賃借人Xの負担とするのが相当である。

(5) 以上から、賃借人Xの負担すべき費用は、合計5万9640円とした。

［事例19］　「50％償却」と「賃借人の負担義務を定めた特約」の規定のあった事例

名古屋簡易裁判所判決　平成14年12月17日
〔保証金（敷金）47万円　返還19万4050円（敷引23万5000円）〕

1　事案の概要（原告：賃借人Ｘ　被告：賃貸人Ｙ）

賃借人Ｘは、平成6年8月、賃貸人Ｙと期間2年、月額賃料11万240円（共益費、駐車場料含む）で賃貸借契約を締結し、保証金（敷金）として47万円を差し入れた。

本件契約の契約書には、保証金47万円の記載の下に「50％償却」と「修理費実費償却」の記載があるほか、「①「保証金は、本契約の終了により、賃借人Ｘが本物件を明け渡し、かつ、賃貸人Ｙの確認を得た後、本契約に基づく未払債務、その他賃借人Ｘが負担すべきものがあれば、それらを差引いた上、その残額を賃貸人Ｙの確認の日から30日以内に、賃貸人Ｙより賃借人Ｘに返還する。」②「契約終了の場合、賃借人Ｘは自己の負担において、別表・第1表に掲げる修繕及び、その他賃借人Ｘの故意、過失による損失、破損、若しくは滅失の箇所の補修、清掃、又本物件に付加した造作、その他の設備等を撤去し、すべてを原状に復して賃貸人Ｙに明け渡すものとする。」との条項があり、別表・第1表には、項目別の修理種別・修理内容・修理基準の定めがあった。

賃借人Ｘは、平成14年5月、本契約を賃貸人Ｙと合意解除し賃貸物件を賃貸人Ｙに明け渡したが、賃貸人Ｙが賃借人Ｘに対し、本契約には①及び②の特約があり、②の特約に基づき賃借人Ｘの負担となるリフォーム費用が52万7572円となるので返還すべき敷金の残額はないと主張したため、賃借人Ｘは、敷金47万円のうち償却分を控除した23万5000円の返還を求めて提訴した。

2　判決の要旨

これに対して裁判所は、
(1)　賃貸借契約においては、賃借人の使用、収益に伴う賃貸目的物の自然の損耗や破損の負担は、本来賃貸人の負担に属するものである。しかし、賃貸人の義務を免れ、あるいは、これを賃借人側の負担とすることは、私的自治の原則からもとより可能である。

特約のない場合の原状回復の限度としては、賃借人が付加した造作の収去、賃借人が通常の使用の限度を超える方法により賃借物の価値を減耗させたときの復旧費用については、賃借人が負担する必要があるが、賃借期間中の年月の経過による減価分、賃貸借契約で予定している通常の利用による価値の低下分は、賃貸借の本来の対価というべきものであって、その減価を賃借人に負担させることはできないものと考えられる。
(2)　特約②が賃借人の負担義務を定めた特約にあたるか。
　　特約②の引用する別表・第１表の内容としては、入居者の入居中の日常使用にあたって、修理を必要とする場合の費用の負担者を賃借人と規定し、この基準を退去時にも引用してその義務の内容としているものであると解される。したがって、入居中に賃借人が修理をする必要のないような項目について、退去するにあたって突然賃借人に修理の義務が発生するという内容であるとまではいえない。特約②は、「その他の故意、過失による汚損、破損、若しくは滅失の箇所の補修」等を賃借人の原状回復義務のある範囲として定め、その前半の「別表・第１表に掲げる修繕」は例示的に掲げられているに過ぎないものと解され、敷金の償却費として50％の差引きがあることも併せ考えると、契約終了時の賃借人の一般的な原状回復義務を規定したものであり、賃借人の負担義務を定めた特約と考えることはできない。
(3)　賃貸人としては、賃借人の退去に際し、通常の使用による減耗、汚損等も賃借人の負担で改修したいのであれば、契約条項で明確に特約を定めて、賃借人の同意を得た上で契約すべきものであるが、通常の使用による減耗、汚損等の原状回復費用も別途負担することについての明確な合意の存在も認められない。
(4)　賃借人Ｘが負担すべき本件貸室の原状回復費用は、①キッチン上棚取手取付け費用1000円、②排水エルボー費3000円、③室内清掃費３万5000円と消費税の合計４万950円であることが認められる。
(5)　以上から、賃貸人Ｙの請求は、賃貸人Ｙが賃借人Ｘに対し支払うべき敷金23万5000円から賃借人Ｘが賃貸人Ｙに支払うべき原状回復費用４万950円を差引いた19万4050円の支払を求める限度で理由があるとした。

[事例20] 過失による損傷修復費用のうち経年劣化を除いた部分が賃借人の負担すべき費用とされた事例

東大阪簡易裁判所判決　平成15年1月14日
〔敷金27万9000円　返還21万9092円〕

1　事案の概要（原告：賃貸人X　被告：賃借人Y）

賃借人Yは、平成9年5月、賃貸人Xと月額賃料9万3000円で賃貸借契約を締結し、敷金として27万9000円を差し入れた。

本件賃貸借契約書には、「畳の表替え又は裏返し、障子又は襖の張替え、壁の塗替え又は張替え等は賃借人の負担とする。」旨の条項があった。

賃借人Yは、平成14年1月、本件賃貸借契約の解約を申し出、同年2月、本件物件を明け渡した。ところが、賃借人Yの退去後の本件物件には、壁クロスに多数の落書き・破損、ビス穴等があり、また、床カーペットには多数の汚損があった（貸主Xの主張）ことから、賃貸人Xは、その原状回復の費用として35万6482円を要するとして、延滞賃料等5万6588円との合計額を敷金返還債務と対当額で相殺すると差し引き13万4070円が不足するとして、賃借人Yに支払を求めたが、これを拒まれたため、提訴に及んだ。

これに対し、賃借人Yは、反訴を提起し、賃借人Yには本物件をリフォームして新築時と同様になる様にクロスやカーペットの張替え、畳の表替えなどをすべき義務はなく、賃借人Yの負担すべき費用は、壁クロスのうち、子供が落書きした11㎡部分のみである。そして、入居時新品であったクロスでも、57か月経過後の退去時には、残存価額は28.75％になるから、クロスの㎡単価1050円に11㎡を乗じた後の28.75％である、3320円が賃借人Yの負担すべき費用であると主張して、賃貸人Xに対し、敷金から賃借人Yの負担部分及び延滞賃料等を控除した残額21万9092円の返還を求めた。

2　判決の要旨

これに対して裁判所は、

(1) 賃借人Yの自認する過失（子供の落書き）による損害及び争いのない延滞賃料等を除くと、賃貸人Xが原状回復費用として請求する金額は、経年変化及び通常使用によって生ずる減価の範囲のものと認められる。

(2) 以上から、賃貸人Xの請求は理由がなく、賃借人Yの請求には理由があるとして賃借人Yの請求を全面的に認めた。

[事例21] 賃貸人は敷金の精算は管理会社に一任されると主張したが敷金から控除されるべき費用はないとされた事例

神戸簡易裁判所判決　平成15年4月10日
〔敷金24万6000円　返還17万226円〕

1　事案の概要（原告：賃借人X　被告：賃貸人Y）

賃借人Xは、平成10年8月、賃貸人Yと月額賃料8万2000円で賃貸借契約を締結し、敷金24万6000円を差し入れた。

賃借人Xは、平成11年8月27日、本契約を賃貸人Yと合意解除し賃貸物件を賃貸人Yに明け渡したが、賃貸人Yは賃借人Xに対し、平成11年7月までの賃料を受領したのみであるとして、8月分の日割賃料・共益費7万8300円を敷金から控除するとした。更に、賃貸人Yは、賃借人Xが本件建物から退去する際は、30日前までに申し出たうえ、修繕費の査定のための検査を受ける義務があるのに、その検査を受けていないうえ、ルームチェックに立ち会うべきであるのに、立ち会っておらず、その場合はルームチェック清算を管理会社に一任するとされており、管理会社に修繕を依頼し、敷金全額の24万6000円を修繕費用に充当した。

これに対して、賃借人Xは敷金全額の返還を求めて提訴した。

2　判決の要旨

これに対して裁判所は、
(1) 賃貸人Yは、平成11年7月までの賃料を受領したのみで、同年8月1日以降の賃料・公益費の支払を受けていないことが認められる。したがって、賃貸人Yは本件の敷金から賃借人Xが本件建物を明け渡した平成11年8月27日までの日割賃料・共益費7万5774円を控除することができる。
(2) 賃貸人Yにおいて本件敷金から控除するべき費用の項目、金額について具体的な主張が全くないので、本件敷金から控除すべき費用はないものとせざるを得ない。

(3) 以上から、賃借人Xに対する、本件敷金24万6000円から日割賃料・共益費7万5774円を控除した17万226円の返還を認めた。

［事例22］　設備使用料等の合意が、公序良俗に反し無効とされた事例

大津地方裁判所判決　平成16年2月24日
〔敷金21万3000円　返還21万3000円〕

1　事案の概要（原告：賃借人X　被告：賃貸人Y）

賃借人Xは、賃貸人Yと平成6年5月、月額賃料7万1000円で賃貸借契約を締結し、敷金として21万3000円を差入れた。同日、賃借人Xは賃貸人Yに「設備協力金」名目で15万円を支払い、平成8年5月と平成10年5月の更新の際に「設備使用料」名目で各15万円を支払い、平成12年10月10日に賃借人Xが賃貸人Yに本件物件を明け渡した。

本件契約書には、自然損耗による修繕費を負担するとの特約が付され、賃貸人Yは特約に基づき27万9980円の補修等の費用を主張し、敷金21万3000円を差引いた6万6980円の支払いを賃借人Xに請求した。

これに対して、賃借人Xは修繕費負担特約について合意が不成立である、公庫法及び公序良俗違反無効であることを主張して敷金の返還を求め、併せて、設備協力金ないし設備使用料の徴収が公序良俗違反無効であることを主張して同名目に基づく支払金を不当利得であるとして返還を求めて提訴した。

これに対して、賃貸人Yは設備使用料は冷暖房機の使用の対価であり、公庫法が禁止する「権利金・謝金等の金品」に当たらず、承諾書の差入れ等で合意があり、公序良俗違反にも当たらないと争った（なお、本件は賃借人X以外の4名の原告の賃貸人Yに対する同様の請求が併合された案件である）。

2　判決の要旨

これに対して裁判所は、
(1) 修繕費負担特約について、当該特約が許されるのは民法及び借地借家法に抵触しない限りであるとして、特約が有効とされる場合の要件として、①特約の必要性があり、かつ暴利的でないなどの客観的・合理的理由が存在すること、②賃借人が特約によって通常の原状回復義務を超えた修繕等

の義務を負うことについて認識していること、③賃借人が特約による義務負担の意思表示をしていることが必要であるとして、本件で契約締結時に具体的な説明がなく、合意の成立を認めることができないとした。
(2) 設備使用料の徴収については、公庫法が権利金・礼金及び更新料といった金員の徴収を禁止しており、本件設備使用料等の支払の合意が公庫法35条、同法施行規則10条で禁止されている賃借人の不当な負担に該当する。しかし、同法に違反した契約の効力が直ちに否定されず、その約定が同法等の規制を逸脱することが著しく、公序良俗規定や信義則に照らして社会的に容認しがたいものである限り、かつその限度で司法上の効力が否定されるとし、本件徴収金が公庫が指導している金額の約倍程度となり、著しく高額な使用料を徴収していることから、その合意の全体が公序良俗に反し無効である。
(3) 以上から、賃借人Xの敷金返還及び設備使用料等の不当利得請求を認めた。

[事例23] 本件敷引特約は消費者契約法10条により無効であり、また、賃借人は見えるところの結露は拭いており、カビの発生に賃借人の過失はないとされた事例

枚方簡易裁判所判決　平成17年10月14日
〔敷金25万円　返還25万円〕

1　事案の概要（原告：賃借人X　被告：賃貸人Y）

賃借人Xと賃貸人Yらは、平成16年3月28日本件建物につき、期間1年、賃料月額金7万8000円で賃貸借契約を締結し、賃借人Xは賃貸人Yらに対し、保証金（敷金）25万円を交付した。本件賃貸借契約には敷引金25万円の記載があった。

本件賃貸借契約は、賃借人Xの申し入れにより、平成16年12月13日をもって中途解約された。

賃借人Xは、賃貸人Yらには債務不履行があるとして、敷金25万円の返還を求めて訴えを提起した。これに対し、賃貸人Yらは、1か月分の解約予告金が未払いであること、本件建物には賃借人Xの過失によるカビ・異臭が発生して

おり、その損害金があるとして、賃借人Xに対して反訴を提起した。

2 判決の要旨
これに対して裁判所は、
(1) 本件敷引特約は、民法、商法その他の法律の公の秩序に関しない規定であり、消費者の義務を加重するものである。また、本件敷引特約は賃貸人の有利な地位に基づき、一方的に賃借人に不利な特約として締結されたものであり、民法1条2項に規定する基本原則に反しており、消費者の利益を一方的に害するものであることは明らかである。よって、本件敷引特約は消費者契約法10条の要件を充たしており、無効である。
(2) 本件建物のカビは、結露が主たる原因である。本件建物の設備を検討すると、本件建物の結露の発生は建物の構造上の問題と認められる。
(3) 結露の発生が建物の構造上の問題と認められた場合、結露の発生に気付いていた賃借人Xにカビが発生するについて過失があったかについては、本件では、目に見えるところにはカビが残っていないため、賃借人Xは、結露に気付いたときにはその都度拭いていたと認められる。したがって、賃借人Xは、共働き家庭の日常生活を送っていたのであり、カビの発生につき賃借人Xに過失があったとは認められない。
(4) 本件建物のカビの発生は建物の構造上の問題であり、そこに住む者にとっては、健康上、財産上の深刻な問題であり、賃貸人は最善の方法を尽くすべきである。賃貸人は、賃借人が快適な生活を送れるように賃貸した建物を維持すべき義務があると考えられるので、それが履行されない以上、賃貸人の債務不履行と解すべきである。
(5) 鍵交換代は、賃借人Xには負担義務のない費用である。
(6) 以上から、賃借人Xが負担すべき費用はないとして、賃貸人Yに対して敷金の返還を命じた。

[事例24] 通常損耗に関する補修費用を賃借人が負担する旨の特約が成立していないとされた事例

最高裁判所第2小法廷判決　平成17年12月16日
一審・大阪地方裁判所判決　平成15年7月16日
控訴審・大阪高等裁判所判決　平成16年5月27日
〔敷金35万3700円　うち未返還分30万2547円の請求を棄却した控訴審を破棄差戻し〕

1　事案の概要（原告：賃借人X　被告：賃貸人Y）

賃借人Xは、賃貸人Yとの間で平成10年2月1日、本件住宅（特定優良賃貸住宅の促進に関する法律に基づく優良賃貸住宅）を賃料月額11万7900円とする旨の賃貸借契約を締結し、その引渡しを受ける一方、敷金35万3700円を賃貸人Yに交付した。本件契約書22条2項は、賃借人が住宅を明け渡すときは、住宅内外に存する賃借人又は同居人の所有するすべての物件を撤去してこれを原状に復するものとし、本件負担区分表に基づき補修費用を賃貸人の指示により負担しなければならない旨（本件補修約定）を定めている。賃借人Xは、本件負担区分表の内容を理解している旨記載した書面を提出している。

賃借人Xは、平成13年4月30日に本件契約を解約し、賃貸人Yに対し、本件住宅を明け渡した。賃貸人Yは、賃借人Xに対し、本件敷金から本件住宅の補修費用として通常の使用に伴う損耗（通常損耗）についての補修費用を含む30万2547円を差引いた残額を返還した。賃借人Xが未返還分の敷金及びこれに対する遅延損害金の支払を求めて訴えを提起したところ、原審は賃借人Xの請求を棄却したため、上告がなされた。

2　判決の要旨

これに対して裁判所は、
(1)　建物の賃貸借においては、賃借人が社会通念上の使用をした場合に生ずる賃借物件の劣化又は価値の減少を意味する通常損耗に係る投下資本の減価の回収は、通常、減価償却費や修繕費等の必要経費分を賃料の中に含ませてその支払を受けることにより行われている。
(2)　賃借人に通常損耗についての原状回復義務を負わせるのは、賃借人に予

期しない特別の負担を課すことになるから、賃借人に同義務が認められるためには、少なくとも、賃借人が補修費用を負担することになる通常損耗の範囲が賃貸借契約の条項自体に具体的に明記されているか、仮に賃貸借契約書では明らかでない場合には、賃貸人が口頭により説明し、賃借人がその旨を明確に認識し、それを合意の内容としたものと認められるなど、その旨の特約（通常損耗補修特約）が明確に合意されていることが必要であると解するのが相当である。
(3) 原状回復の特約である本契約書22条2項自体において通常損耗補修特約の内容が具体的に明記されているということはできない。本件負担区分表についても、文言自体から、通常損耗補修特約の成立が認められるために必要なその内容を具体的に明記した条項はない。説明会においても通常損耗補修特約の内容を明らかにする説明はなかった。
(4) 以上から、賃借人Xは、本件契約を締結するに当たり、通常損耗補修特約を認識し、これを合意の内容としたものということはできないから、本件契約において、通常損耗補修特約の合意が成立しているということはできないというべきである、として原判決を破棄し、原審に差戻した。

[事例25] 本件敷引特約は、消費者契約法10条により無効であるとされた事例

西宮簡易裁判所判決　平成19年2月6日
〔敷金80万円　返還79万4831円〕

1 事案の概要（原告：賃借人X　被告：賃貸人Y）

賃借人Xと賃貸人Yとは、平成16年3月22日本件建物につき、賃料月額13万5000円、契約期間2年、敷金（保証金）80万円、解約時敷引金50万円として本件賃貸借契約を締結し、賃借人Xは賃貸人Yに対して、敷金80万円を交付した。

賃借人Xは、1か月以上前に解約を予告したうえ、平成17年6月末日、本件建物を賃貸人Yに明け渡した。

賃借人Xは、本件敷引特約は消費者契約法10条により無効であるとして、敷金80万円等の返還を求めて訴えを提起した。賃貸人Yは、本件敷引特約は有効

であるとして、返還すべき敷金は、敷引金、原状回復費用（賃借人の故意または過失による傷がある洗面台と、一体であるミラーキャビネットの入れ替え工事の費用）及び水道料金立替金を控除した残額であると主張して争った。

2 判決の要旨

これに対して裁判所は、
(1) 賃貸人Yが営む不動産賃貸業が本業か副業かに関わらず、法人である賃貸人Yは消費者契約法における「事業者」である。賃借人Xは事業としてまたは事業のために契約したものでないことは明らかであり、消費者契約法上の「消費者」である。不動産仲介業者を通じて賃貸借契約が締結されても変わりはなく、本件賃貸借契約には消費者契約法が適用される。
(2) 本件敷引特約は、敷引金は敷金の約62.5％、毎月の賃料の約3.7倍であること、賃貸借契約期間の長短や契約終了事由にかかわらず、また、損害の有無にかかわらず無条件で当然に差し引かれるものであり、賃借人Xに一方的で不当に不利な内容である。したがって、本件敷引特約は、消費者契約法10条に該当し無効である。
(3) 洗面台については、賃借人Xが入居した時点で既にある程度の経年期間があったと考えられ、線状の傷は認められるものの、その深さや長さは明確ではなく、賃借人Xが故意又は過失により洗面台に傷をつけたとまでは言えない。
(4) 以上から、敷金80万円のうち、賃貸人Yが立替払をしていた水道料金5169円を控除した金79万4831円の返還を賃貸人Yに対して命じた。

[事例26] カビの発生は賃借人の手入れに問題があった結果であるが、経過年数を考慮するとクロスの張替えに賃借人が負担すべき費用はない、との判断を示した事例

川口簡易裁判所判決　平成19年5月29日
〔敷金13万8000円　返還11万1330円〕

1 事案の概要（原告：賃借人X　被告：賃貸人Y）

賃借人Xは、昭和63年1月20日、本件建物につき訴外会社と賃貸借契約を締

第3章　原状回復にかかる判例の動向 ●111

結し、2年毎に合意更新した（更新料は新賃料の1か月分）。賃貸人Yは、平成14年12月4日、訴外会社から本件建物を買い受けて本件賃貸借契約の賃貸人の地位を承継した。

平成15年12月21日、賃借人Xは賃貸人Yとの間で、賃料月額6万9000円、期間2年、敷金13万8000円、更新料は新賃料の1か月分として、更新契約を締結した。

その後、本件賃貸借契約は平成17年12月頃に合意更新され、平成18年4月30日、合意により終了し、賃借人Xは同日、賃貸人Yに対して本件建物を明け渡した。

賃借人Xは、本件敷金のうち、賃借人Xが負担すべき原状回復費用1050円を控除した13万6950円の返還と、消費者契約法10条により無効である更新料支払特約に基づいて支払った2回分の更新料合計金額13万8000円の支払いを求めて訴えを提起した。賃貸人Yは、賃借人Xの善管注意義務違反の使用方法及び喫煙により本件建物を汚損・毀損し、原状回復費用のうち賃借人Xは、22万420円を負担すべきであるので返還すべき敷金はないこと、更新料支払特約は有効であること等を主張して争った。

2　判決の要旨

これに対して裁判所は、
(1) 賃借人Xは、本件建物を18年以上もの間賃借していたものであり、その間、一度も内装の修理、交換は行われておらず、和室畳が汚損・破損しており、襖や扉にタバコのヤニが付着して黄色く変色していても、時間の経過に伴って生じた自然の損耗・汚損というべきである。
(2) 各部屋のカビは、賃借人Xの部屋の管理及びカビが発生した後の手入れに問題があった結果でもある。しかし、経過年数を考慮すると、クロスに関しては、賃借人Xの負担すべき原状回復費はないとするのが相当である。
(3) 天井塗装及び玄関扉のサビ、クロス下地のボード等に関しては、費用の20％を残存価値として賃借人Xの負担すべき額とするのが相当である。
(4) 和室の窓のカビ防止シールを剥がすために要した費用の負担（1050円）は賃借人Xも認めている。
(5) この他、更新料支払の合意は消費者契約法10条に反して無効であるとは

(6) 以上から、敷金から2万6670円を控除した11万1330円の支払を賃貸人Yに対して命じた。

[事例27] 通常損耗を賃借人の負担とし、解約手数料を賃借人の負担とする特約が消費者契約法により無効とされた事例

京都地方裁判所判決　平成19年6月1日
〔敷金20万円　返還20万円〕

1　事案の概要（原告：賃借人X　被告：賃貸人Y）

賃借人Xは、賃貸人Yと平成12年5月、月額賃料4万1000円で賃貸借契約を締結し、保証金20万円を差入れた。

本件契約書には、賃借人が本件契約を解約した場合に解約手数料として賃料の2か月相当額を支払う旨の特約（解約手数料特約）と、本件物件の汚破損、損耗又は附属設備の模様替えその他一切の変更について、賃借人が負担するとの特約（原状回復特約）が付された。

本件契約は平成14年6月に更新された後、賃借人Xが平成16年4月20日に解約申入れをして終了し明け渡したが、賃貸人Yは本件特約条項に基づき、解約手数料として4万4000円、原状回復費用として9万9780円を、その他清掃代として3万円を保証金から差引く旨通知した。

これに対して、賃借人Xは本件特約がいずれも消費者契約法等に反して無効であり、清掃については特に汚損をしていないこと等を理由に負担しないと主張し、保証金の返還を求めて提訴した。

一審（京都簡易裁判所）は、賃借人Xの請求を認めたが、賃貸人Yはこれを不服として控訴し、併せて、未払更新料4万1000円の反訴請求がなされた。

2　判決の要旨

これに対して裁判所は、
(1) 解約手数料特約について、本件契約の終了により本件物件が空室となることによる損失を塡補する趣旨の金員を解して中途解約に伴う違約金条項と解釈して、本件契約が解約申入れから45日間継続するとされていること

を指摘し、本件中途解約による損害が賃貸人Yに生じるとは認められず、消費者契約法9条1号により無効であるとした。
(2) 原状回復特約については、本件契約が平成14年6月1日に更新されていることから、消費者契約法の適用があることを指摘し、通常の使用による損耗に対する原状回復費用を賃借人の負担とする部分は、賃借人の義務を加重し、信義則に反して賃借人の利益を一方的に害するものであるから、消費者契約法10条により無効であるとした。
(3) 以上から、トイレ・エアコン・キッチン等の清掃費用については、賃借人Xには通常の使用による損耗を原状回復する義務はないとした。

[事例28] 敷引特約が、消費者契約法に反し無効とされた事例

奈良地方裁判所判決　平成19年11月9日
〔敷金40万円　返還26万2729円〕

1 事案の概要（原告：賃借人X　被告：賃貸人Y）
　賃借人Xは、賃貸人Yと平成14年7月、月額賃料4万5000円で賃貸借契約を締結し、敷金として40万円を差入れた。
　本件契約書には、敷金について、明け渡しの1か月後に20万円を差引いて返還するとの特約が付された。
　賃借人Xは、平成17年8月15日に本件物件を明け渡したが敷引特約が消費者契約法に違反し無効であるとして、敷金40万円から毀損したことを認めている部分を差引いた39万8425円の返還を求めた。
　これに対して、賃貸人Yは敷金以上の原状回復費用を要したとして、その費用相当額から敷金（敷引部分を除く）を控除した46万8745円の損害賠償の反訴請求をして争った。

2 判決の要旨
　これに対して裁判所は、
　(1) 敷引特約について、賃貸借契約においては、賃借人に債務不履行があるような場合を除き、賃借人が賃料以外の金銭の支払を負担することは法律上予定されておらず、奈良県を含む関西地方において敷引特約が事実たる

慣習として成立していることを認めるに足りる証拠もなく、民法の公の秩序に関しない規定の適用による場合に比し、消費者である賃借人の権利を制限するものというべきである。自然損耗についての必要費を賃料により賃借人から回収しながら、さらに敷引特約によりこれを回収することは、賃借人に二重の負担を課すことになり、同特約が敷金の50％を控除するもので、賃借人Xに大きな負担を強いるものであることを指摘して、信義則に反して消費者の利益を一方的に害するものであると判断せざるを得ないとして消費者契約法10条に違反し無効であるとした。
(2) 賃貸人Yの損害賠償請求については、賃借人Xの通常の使用を超える使用部分について、経過年数を考慮した範囲で敷金から13万735円（消費税別）を差引くことを認めた。
(3) 以上から、賃借人Xは敷金の一部が認容され、賃貸人Yの反訴請求は棄却された。

［事例29］ 保証金解約引特約が消費者契約法10条により無効とされた事例

京都簡易裁判所判決　平成20年8月27日
〔敷金50万円　返還32万177円〕

1　事案の概要（原告：賃借人X　被告：賃貸人Y）

　賃借人Xは、賃貸人Yと平成14年6月、月額賃料10万円で賃貸借契約を締結し、保証金50万円を差入れた。
　本件契約書には、保証金解約引として40万円を保証金から差引く旨の特約が付された。
　本件契約は平成16年と18年に更新された後、平成19年3月31日に賃借人Xが賃貸人Yに本物件を明け渡し、保証金50万円の請求をしたが、賃貸人Yは、本件特約が付されていること等から保証金の返還を拒んだため、賃借人Xは、本件特約が消費者契約法に違反し無効であるとして保証金50万円の返還支払を求めて提訴した。
　これに対して、賃貸人Yは部屋一つを貸しているだけで事業者でなはなく消費者契約法が適用されない、解約引は京都での慣習である等として特約が有効

であること、契約から5年後の消費者契約法の主張が権利の濫用である等と争った。

2 判決の要旨
これに対して裁判所は、
(1) 個人がその所有不動産を継続して賃貸することは「事業」にあたり、その個人が不動産業者ではなく、一つの部屋を貸す場合であっても同様であり、消費者契約法にいう「事業者」に該当する。
(2) 保証金解約引特約については、保証金50万円の内40万円については債務不履行がなくとも返還しないとするものであるから、民法の規定に比べて消費者の権利を制限し、同法1条2項が定める信義則に反する。解約引率8割が京都の慣習と認めるに足りる証拠はない。
(3) ベランダは本件物件の一部分であり、玄関ドアに付けられたポスト、浴槽、浴槽のフタ、排水口のチェーン、襖の桟、クッションフロア及びじゅうたんの修繕費用、購入費用についてはその経過年数を考慮すべきである。4年10か月の入居期間を考慮すると、修繕費用等については見積額の1割を負担させるのが相当である。
(4) 以上から、賃借人Xの善管注意義務違反として自然損耗以外のものについてだけ保証金から差引くことを認め、保証金解約引特約の効力は否定した。

［事例30］ 通常損耗補修特約は合意されたとはいえず、仮に通常損耗補修特約がなされていたとしても、消費者契約法10条に該当して無効とされた事例

東京地方裁判所判決　平成21年1月16日
〔敷金43万6000円　返還43万6000円〕

1 事案の概要（原告：賃借人X　被告：賃貸人Y）
賃貸人Yは、賃借人Xに対し平成18年10月1日ころ、本件居室につき、賃料月額21万8000円、共益費月額2万3000円、期間2年間（ただし10か月程度の仮住まい）との約定で賃貸した。賃借人Xは、敷金として金43万6000円を賃貸

Yに交付した。

　本件賃貸借契約には、賃借人の原状回復として入居期間の長短を問わず、本件居室の障子・襖・網戸の各張替え、畳表替え及びルームクリーニングを賃借人の費用負担で実施すること（19条5号）、退去時の通常損耗及び経年劣化による壁、天井、カーペットの費用負担及び日焼けによる変化は負担割合表によることとし、障子・襖・網戸・畳等は消耗品であるため居住年数にかかわらず張替え費用は全額賃借人の負担となること（第25条2項、負担割合表）という規定があった。

　賃借人Xは平成19年4月末ころ、同年5月30日限りで本件賃貸借契約を解約する旨を賃貸人Yに対して通知し、同年5月30日に本件居室を明け渡した。賃貸人Yは賃借人Xが負担すべき原状回復費用は48万円3000円であるとして、敷金を返還しなかったため、賃借人Xが敷金の返還等を求めて提訴した。

2　判決の要旨

　これに対して裁判所は、
(1)　最高裁平成17年12月16日判決（事例24参照）を引いた上で、
(2)　原状回復についての本件賃貸借契約19条5号は、本件居宅に変更等を施さずに使用した場合に生じる通常損耗及び経年変化分についてまで、賃借人に原状回復義務を求め特約を定めたものと認めることはできない。また、修繕についての本件賃貸借契約25条2項・借主負担修繕一覧表等によっても、賃借人において日常生活で生じた汚損及び破損や経年変化についての修繕費を負担することを契約条項によって具体的に認識することは困難である。さらに、原状回復に関する単価表もなく、畳等に係る費用負担を賃借人が明確に認識し、これを合意の内容としたことまでを認定することはできない。よって、通常損耗補修特約が合意されているということはできない。また、敷金とは別に礼金（月額賃料の2か月分）の授受があるにもかかわらず、賃借人が本件居室を約8か月使用しただけで、その敷金全額を失うこととなることについて、客観的・合理的理由はない。
(3)　仮に形式的な通常損耗補修特約が存するとしても、通常損耗補修特約は民法の任意規定による場合に比し、賃借人の義務を加重している。また、本件の通常損耗補修特約は賃借人に必要な情報が与えられず、自己に不利であることが認識されないままなされたものであり、しかも賃貸期間が約

8か月で特段の債務不履行がない賃借人に一方的に酷な結果となっており、信義則に反し賃借人の利益を一方的に害しており、消費者契約法10条に該当し、無効である。
(4) 以上から、賃借人Xの請求を認めた。

[事例31] 賃借人が負担すべき特別損耗の修繕費用につき、減価分を考慮して算定した事例

神戸地方裁判所尼崎支部判決　平成21年1月21日
〔敷金31万1000円　返還請求28万3368円のうち、25万3298円〕

1　事案の概要（原告：賃借人X　被告：賃貸人Y）

賃借人Xは、賃貸人Yとの間で平成12年2月1日、本件住宅につき平成12年2月1日から平成13年3月31日まで（期間満了日の6か月前までに双方の異議がなければ、家賃及び敷金を除き、同一条件でさらに1年間延長されたものとし、以後この例による）、賃料月額11万7000円、共益費月額8000円、敷金31万1000円とする賃貸借契約を締結し、賃貸人Yに対して敷金を交付した。

賃借人Xは、平成19年6月ころ、賃貸人Yに対し、本件賃貸借契約の解約を通知し、同年7月3日、本件住宅を明け渡した。賃借人Xと賃貸人Yは、7月1日から3日までの日割賃料5992円を敷金から控除することを合意した。賃貸人Yは本件住宅の住宅復旧費（タバコのヤニの付着によるクロスの張替え、床の削れ補修）28万3368円についても敷金から控除し、賃借人Xに対して敷金残金として6万1640円を返還した。これに対して、賃借人Xは住宅復旧費として控除された28万3368円分の敷金の返還を求めて提訴した。

2　判決の要旨

これに対して裁判所は、
(1) 賃借人は、通常損耗について原状回復義務を負うとの特約がない限り、特別損耗（「通常損耗」を超える損耗）についてのみ原状回復義務を負うと解するのが相当である。
(2) 賃借人が賃貸借契約終了時に賃貸物件に生じた特別損耗を除去するための補修を行った結果、補修方法が同一であるため通常損耗をも回復するこ

ととなる場合、当該補修は、本来賃貸人において負担すべき通常損耗に対する補修をも含むこととなるから、賃借人は、特別損耗に対する補修金額として、補修金額全体から当該補修によって回復した通常損耗による減価分を控除した残額のみ負担すると解すべきである。
(3) 本件クロスの変色は喫煙によるタバコのヤニが付着したことが主たる原因であり、クロスの洗浄によっては除去できない特別損耗である。本件変色の補修はクロスの全面張替えによるしかないが、賃借人Xは補修金額としてクロスの張替え費用から本件クロスの通常損耗による減価分（減価割合90％）を控除した残額を負担することとなる。
(4) 床の削れが特別損耗であることは争いがなく、その補修方法はタッチアップによる方法が相当である。この補修では、賃借人Xによる毀損部分（特別損耗）のみの補修となるため、賃借人Xがその全額を負担すべきである。
(5) 本件賃貸借契約上、本件住宅内での喫煙は禁止されていないから、賃借人夫婦が本件住宅内で喫煙したこと自体は善管注意義務違反とはならない。タバコのヤニの付着については管理について善管注意義務違反が認められる余地があるものの、これによって賃貸人に生じる損害は、上記の賃借人が負担すべき補修金額と同額であるというべきである。
(6) 以上から、敷金残金25万3298円の返還を認めた。

[事例32] 庭付き一戸建て住宅につき、草取り及び松枯れについての善管注意義務違反があったとして、賃借人の費用負担を認めた事例

東京簡易裁判所判決　平成21年5月8日
〔敷金12万円　返還6万円〕

1　事案の概要（原告：賃貸人X　被告：賃借人Y）

賃貸人Xは、平成16年8月8日、賃借人Yとの間で、庭付き一戸建て住宅（敷地90坪、建物109.3㎡）について、賃貸期間2年間、賃料12万円、敷金12万円、礼金12万円という条件で賃貸借契約を締結した。

賃貸借契約は平成19年6月11日限りで終了し、賃借人Yが賃貸人Xに明け渡

した。

　賃貸人Xは、本件敷地である庭の植栽は、被告入居時は十分に手入れがされていたのに、賃借人Yの管理不十分により荒れ果てており、特に門かぶりの松は枯れていたとして、賃借人Yに対して庭の修復費用として48万8350円（高木剪定作業等費用20万5800円、雑草・除草及び刈取り処分費用3万2550円、枯れた松と同程度の松の植替え費用25万円）から敷金12万円を充当・控除した残額36万8350円の費用の支払いを求めて提訴した。

2　判決の要旨

　これに対して裁判所は、
(1)　本件のような庭付き一戸建て物件の賃貸借契約においては、庭及びその植栽等も建物と一体として賃貸借の目的物に含まれると解するのが当事者の合理的意思に合致するというべきであり、賃借人Yら（Y及びYの妻）は本件賃貸物件の敷地・庭の植栽についても、信義則上、一定の善管注意義務を負うと解するのが相当である。
(2)　庭の植栽の剪定をしなかったことについては、敷地・庭の植栽の管理方法についての具体的な合意・約定がないこと、仲介業者から基本的には植栽は刈らないようにとの説明を受けていたこと、植栽の剪定・養生にはこれに関する一定の知識経験が必要と解されるが、賃借人Yらには知識経験はほとんどなかったこと等に照らせば、剪定をしなかったことを賃借人Yらの善管注意義務違反とみることはできない。
(3)　草取りの状況については、賃借人Yらの入居前と退去後の庭の草の状況を比較すると、退去後は明らかに草が生い茂っている状態であり、一般的な庭の管理として行われるべき定期的な草取りが適切に行われていなかったものと推認されることから、賃借人Yらの善管注意義務違反とみるのが相当である。
(4)　松枯れについては、松枯れの原因は不明であるが、松の変化の状態に気付き、これを賃貸人Xに知らせて対応策を講じる機会を与えるべき義務があったと解するのが相当であり、これを怠った賃借人Yらには善管注意義務違反があったと認めるのが相当である。
(5)　以上から、本件賃貸物件が近隣の賃料相場に比べて安い物件であることも併せ考慮し、賃借人Yは6万円を庭の修復費用の一部として負担するの

が相当であるとした。

[事例33] 賃借人がハウスクリーニング代を負担するとの特約を有効と認めた事例

東京地方裁判所判決　平成21年5月21日
〔敷金27万円　返還12万6570円〕

1　事案の概要（原告：賃借人X　被告：賃貸人Y）

　賃貸人Yは、賃借人Xに対し平成9年9月27日、本件建物（木造モルタル2階建て一戸建住宅）を賃貸し、賃借人Xは賃貸人Yに対し、同日、敷金27万円を交付した。その後平成17年10月6日、本件賃貸借契約は、賃料月額13万円、期間2年（平成17年10月1日から平成19年9月30日まで）、明け渡しをするときは、専門業者のハウスクリーニング代を負担するとの特約（本件特約）を内容として更新された。

　本件賃貸借契約の終了にあたり、賃借人Xは、賃貸借契約は平成19年4月30日に終了し明け渡しを行ったとして、賃貸人Yに対して敷金27万円の返還を求めた。賃貸人Yは、本件特約に基づくクリーニング代、賃借人Xの通常の使用を超える損耗の原状回復のための内装工事費、内装工事終了時までの2か月分の賃料等が敷金から控除されると争った。

　賃借人Xが敷金の支払を求める支払督促を申し立てたのに対し、賃貸人Yが異議を申し立てたため訴訟に移行し、原審が賃貸人Yに対して5万372円の支払い等を命じたところ、双方が控訴した。

2　判決の要旨

　これに対して裁判所は、
(1) 最高裁平成17年12月16日判決（事例24参照）を引いた上で、
(2) ハウスクリーニング費用を賃借人の負担とする本件特約は、本件賃貸借契約の更新の際に作成された契約書に明記されており、その内容も、賃借人が建物を明け渡すときは、専門業者のハウスクリーニング代を負担する旨が一義的に明らかといえる。したがって、ハウスクリーニング代は、賃借人Xが負担すべきである。

(3) 本件特約以外に賃借人の原状回復義務についての特約は存在しないから、賃借人Xは、故意・過失によると認められる通常損耗を超える損耗（特別損耗）についてのみ補修の義務を負う。

(4) 和室壁面のタバコのヤニによる汚損でクリーニング等によっても除去できない程度に至っている和室壁面、大きく破れている箇所が認められる和室の障子、トイレの扉やや下方の汚れ及び、和室の畳の内2枚の黄ばみと黒いシミと茶色のシミは、通常損耗を超えたものと認められる。したがって、和室2室のクロスの張替え費用、和室障子の張替え費用、建具ダイノックシート張替え費用、畳2枚の張替え費用は、本件敷金に充当されるべきである。その他の内装工事費は、本件敷金に充当されるべきものとは認められない。

(5) 本件における通常損耗を超えた損耗の補修は、通常損耗の補修と同時に行い得るものであるから、平成19年4月30日の賃借人Xの明け渡し時以後、その補修期間に相当する賃料相当損害金を敷金に充当すべき法的根拠はない。

(6) 以上から、敷金のうちクリーニング代6万3000円と内装工事費8万430円を差し引いた12万6570円の支払いを賃貸人Yに対して命じた。

[事例34] 契約終了時に賃借人自ら補修工事を実施しない時は契約締結時の状態から通常損耗を差し引いた状態まで補修すべき費用相当額を賃貸人に賠償すれば足りるとされた事例

大阪高等裁判所判決　平成21年6月12日
一審・神戸地方裁判所尼崎支部判決　平成21年1月21日
〔敷金40万円　返還19万円〕

1　事案の概要（原告：賃借人X　被告：賃貸人Y）

賃貸人Yから本件住宅を賃借していた賃借人Xが本件賃貸借契約を解約し本件住宅を明け渡したとして差入れた敷金から任意の返還を受けた金額を除く残額28万3386円の返還を求めて提訴した。これに対して第一審（神戸地裁尼崎支部）は、賃借人Xの請求を一部認容したので賃貸人Yは控訴した。

2 判決の要旨

これに対して裁判所は、

(1) クロスのように経年劣化が比較的早く進む内部部材については、特別損耗の修復のためその張替えを行うと、必然的に経年劣化などの通常損耗も修復してしまう結果となり、通常損耗部分の修復費について賃貸人が利得することになり相当ではないから、経年劣化を考慮して、賃借人が負担すべき原状回復費の範囲を制限するのが相当である。

(2) 賃借人は特別損耗分のみを補修すれば足りるものであるが、施工技術上、賃貸借契約締結時の状態から通常損耗分を差し引いた状態までの補修にとどめることが現実的には困難ないし不可能であるため、通常損耗分を含めた原状回復（クロスでいえば全面張替え）まで行っているものである。したがってこのような補修工事を行った賃借人としては、工事後、有益費償還請求権（民法608条2項）を根拠に賃貸人に通常損耗に相当する補修金額を請求できるものと解されるから、契約終了時に賃借人自ら補修工事を実施しない時は、契約締結時の状態から通常損耗分を差し引いた状態まで補修すべき費用相当額を賃貸人に賠償すれば足りると解するのが相当であり、「原状回復を巡るトラブルとガイドライン（改訂版）」の見解は上記と同旨の見解に立脚するものである。

(3) 賃貸人Yはこのような経年劣化考慮説によると減価割合について依拠すべき基準がなく場当たり的な判断になると主張するが、減価償却資産の耐用年数等に関する省令によるとクロスの耐用年数は6年であり、賃借人Xは7年10か月間本件住宅に居住していたのであるから上記ガイドラインに照らせば通常損耗による減価割合は90％と認めるのが相当である。

(4) 敷金返還請求権は、相殺のように当事者の意思表示を必要とすることなく賃貸借終了明け渡し時において、延滞賃料等の賃借人の債務と当然に差引計算がされて残額について発生されるので、賃貸人は賃貸借終了明け渡し日の翌日から敷金返還債務の遅滞に陥るというべきであるので、本件附帯請求の起算日は、明け渡し日の翌日である。

(5) 以上から、原判決は相当であるとして本件控訴を棄却した。

[事例35] 賃貸借契約終了時に敷金から控除された原状回復費用について賃借人の返還請求が一部認められた事例

東京地方裁判所判決　平成21年7月22日
一審・東京簡易裁判所判決
〔敷金51万3000円　返還43万5510円〕

1　事案の概要（原告：賃借人X　被告：賃貸人Y）

賃借人Xが、賃貸人Yに対して賃貸借契約が終了したことから敷金51万3000円の支払を求めたところ、賃貸人Yが、契約書上「経年以外の部分で乙（入居者のこと）の責めに帰する汚損・破損に関し乙の費用をもって遅滞なく原状回復の措置をとり、本物件を明け渡すものとする」との条項があることから、下記の金額については賃借人Xの責めに帰すべき汚損の原状回復のための費用支出であるから、敷金から控除されるべきと主張した。

そこで賃借人Xが賃貸人Yに対して敷金51万3000円の返還を求め提訴した。

　(ｱ)　フローリング補修張替え（6枚分）　15万円
　(ｲ)　框戸の取替え　7万5000円
　(ｳ)　ダン襖片面張替え　3800円
　(ｴ)　LD天井シーリングプレート取付け　5600円
　(ｵ)　和室畳一畳張替え　1万4000円
　(ｶ)　ビニールクロス張替え　4万円
　(ｷ)　ハウスクリーニング　5万7800円
　(ｸ)　網戸張替え　1万3000円
　(ｹ)　洗面化粧台ボール取替え　7万円
　(ｺ)　UBフタ取付け　9000円
　合計43万8200円に消費税2万1910円を加えた46万110円

2　判決の要旨

これに対して裁判所は、
(1)　上記費用のうち以下の費用を賃借人Xの負担すべき原状回復費用であると認め、賃貸人Yに対して51万3000円から合計金額7万7490円を控除した43万5510円およびこれに対する遅延損害金の支払を命ずる判決を言い渡し

た。
　(ア)については2枚分5万円、(カ)については半額に相当する2万円、(ウ)については3800円
　以上合計7万7490円（消費税込み）

これに対し、賃貸人Yが控訴し、以下のとおりの主張をした。
① (イ)(エ)(オ)(キ)(ク)(ケ)(コ)の費用は賃借人Xが負担すべきである。
② 以下の費用については一部でなく全部認められるべきである。
　(ア)については2枚分ではなく6枚分。
　(カ)としては2万円ではなく4万円。
③ その他
　外廊下長尺シートの損傷を補修するための費用を賃借人に負担させるべき。

これに対して裁判所は、
(1) 本件全証拠によっても、(イ)、(エ)、(オ)、(キ)、(ク)、(ケ)、(コ)および外廊下長尺シートの補修費用が「経年以外の部分で賃借人の責めに帰する汚損・破損」を補修するための費用であると認めるには足りない。
(2) (ア)、(カ)についても原判決が認定した範囲を超えて賃借人Xが負担すべきことを認めるに足りない。
(3) 以上から、原判決は相当であるとして本件控訴を棄却した。

[事例36]　清掃費用負担特約並びに鍵交換費用負担特約について消費者契約法に違反しないとされた事例

　　　　　　　　　　　東京地方裁判所判決　平成21年9月18日
　　　　　　　　　　　第一審・武蔵野簡易裁判所判決
　　　　　　　　　　　〔敷金5万6000円　返還1万7750円〕

1　事案の概要（原告：賃借人X　被告：賃貸人Y）
　賃貸人Yは、賃借人Xに対して平成19年5月27日、本件貸室を契約期間2年、賃料月額5万6000円（他に共益費2000円）、敷金5万6000円とし、賃借人

Xは賃貸人Yに同日敷金を支払うと共に、本件貸室の鍵交換費用として1万2600円を支払った。

本件賃貸借契約は平成20年2月17日に終了し、賃借人Xは賃貸人Yに対して本件貸室を明け渡したが、賃貸人Yがハウスクリーニング費用2万6250円を負担する特約（清掃費用負担特約）に基づいて敷金から2万6250円を控除し、また、賃貸人Yが入居時に貸室の鍵交換費用1万2600円を負担する旨の特約（鍵交換費用負担特約）に基づいて1万2600円を取得したことから、賃借人Xはこの2つの特約は有効に成立していないか、成立していたとしても消費者契約法10条により無効である、仮に無効でないとしても消費者契約法4条2項により取り消されたと主張してこれらの返還を求めて提訴した。

2 判決の要旨

これに対して裁判所は、
(1) 清掃費用負担特約は、合意されていないとして2万6250円の敷金の返還を認める。
(2) 鍵交換費用負担特約については、成立するとして請求を棄却した。

これに対して賃貸人Yが控訴し、これに対して裁判所は、
(1) 清掃費用負担特約については、契約書等には賃借人が契約終了時にハウスクリーニング費用2万5000円（消費税別）を賃貸人に支払う旨の記載がいずれにも存在すること、賃貸住宅紛争防止条例に基づく説明書には費用負担の一般原則の説明の後に、「例外としての特約について」と題して、ハウスクリーニング費用として2万5000円（消費税別）を賃借人が支払うことが説明されていること、仲介業者が口頭で説明したことは認められること等からすれば、料金2万5000円（消費税別）程度の専門業者による清掃を行うことが明らかであるから、契約終了時に本件貸室の汚損の有無及び程度を問わず、賃貸人Yが専門業者による清掃を実施し、賃借人Xがその費用として2万5000円（消費税別）を負担する旨の特約は明確に合意されているものということができ、特約の合意は成立している。

当該特約は賃借人にとって不利益な面があることは否定できないが、特約は明確に合意されていること、賃借人にとって退去時に通常の清掃を免れることができる面もあること、その金額も賃料月額5万6000円の半額以

下であること、本件貸室の専門業者による清掃費用として相応な範囲のものであることからすれば当該特約が賃借人の利益を一方的に害するとまで言うことはできないので、当該特約は消費者契約法10条違反であるとはいえない。

　同様に、賃貸人の代理人である業者が賃貸住宅紛争防止条例に基づく説明の際に当該特約について「清掃費用は賃貸人が本来負担するものであるが、賃借人に負担をお願いするために特約として記載している」と説明したことが認められることから、消費者契約法4条2項違反の行為もないので、クリーニング費用についての賃借人Xの請求は認められない。

(2)　鍵交換費用負担特約については、宣伝用チラシ、重要事項説明書に記載されていること、契約締結時に仲介業者が口頭で説明していること、賃借人Xは鍵交換費用を含めて契約金を支払っていることからすれば鍵交換費用を負担する旨の特約が明確に合意されているものということができ、要素の錯誤があったと認めるに足りる証拠もない。

　そして、鍵交換費用負担特約は特約そのものが明確に合意されていること、鍵を交換することは前借主の鍵を利用した侵入の防止ができる等賃借人Xの防犯に資するものであること、鍵交換費用の金額も1万2600円であって相応の範囲のものであることからすれば、賃借人にとって一方的に不利益なものであるということはできないから当該特約は消費者契約法10条違反ではない。

　また鍵交換費用について、賃貸人が本件ガイドラインに沿った内容と説明したと認めるに足りる証拠もなく、消費者契約法4条2項違反でもない。

(3)　以上から、原判決における賃貸人Y敗訴部分を取り消した上で賃借人Xの請求を棄却した。

[事例37] 更新料特約は消費者契約法10条並びに民法1条2項に違反せず有効であるとした上で通常損耗の範囲について判断した事例

東京地方裁判所判決　平成21年11月13日
〔敷金66万4000円　返還64万7701円〕

1　事案の概要（原告：賃貸人X　被告：賃借人Y）

　賃借人Yは、訴外Aとの間で平成16年2月13日に、本件建物を月額賃料33万2000円、敷金66万4000円、契約期間2年で賃貸借契約を締結し、同日、駐車場を月額3万円、トランクルームを月額1万円で同じ期間で契約を締結し、その後平成18年1月16日に本件賃貸借契約、駐車場契約並びにトランクルーム契約は更新された。

　訴外Aは賃貸人たる地位を賃貸人Xに移転し、その後平成20年2月14日に賃貸人Xと賃借人Y間で更新がなされ、更新料33万2000円が賃借人Yから賃貸人Xに対して支払われた。

　賃借人Yは賃料を滞納し、平成21年2月からは一切支払わないことから、賃貸人Xが本件賃貸借契約等を解除する旨の意思表示をして未払賃料並びに遅延損害金を求めて提訴した。

　なお賃借人Yは同年7月27日に本件建物を明け渡し、同年5月13日に37万2000円を支払うと共に、支払済の更新料33万2000円の不当利得返還請求権をもって、また敷金返還債権をもって賃貸人Xの賃借人Yに対する債権と対等額において相殺するとの意思表示を行った。

　また、賃借人Yは訴訟において、賃貸人Xの無催告解除の有効性、本件賃貸借契約における更新料特約は消費者契約法10条により無効であること、並びに賃貸人Xが請求した以下の原状回復費用について争った。

　　ア　洗面所　給湯室扉クロス張替え　2.2㎡　2200円（剥がれ）
　　イ　トイレ　壁クロス張替え（面）　4.3㎡　5160円（剥がれ）
　　ウ　和室　障子張替え（巾広サイズ）　2枚　9000円（破れ）
　　エ　LD　網戸張替え1枚　3000円（破れ）
　　オ　LD　照明引掛シーリング取付け　1箇所　2500円（紛失〈配線がむき出し〉）

カ　ＬＤ　カーペットクリーニング　82.2㎡　8万2200円
　　キ　全体　ハウスクリーニング　124.67㎡　12万4670円
　　ク　クロス貼替貸主負担分（6.5㎡×1.25％×65ヶ月×@1.2）　▲6337円

2　判決の要旨
これに対して裁判所は、
(1)　無催告解除については、有効に解除されたというべきである。
(2)　更新料特約は消費者契約法10条の「民法1条2項に規定する基本原則（信義則）」に反して消費者である賃借人Ｙの利益を法的に害するとまではいえず有効である。
(3)　賃借人Ｙが負担すべき原状回復費用については、いわゆる通常損耗については賃借人がその補修費を負担することになり通常損耗の範囲を契約書の条項に具体的に明記されているか、賃貸人が口頭により説明し、賃借人がその旨を明確に認識し、それを合意の内容としたものが認められるなど、特約が明確に合意されていない限り賃借人はその補修費を負担しないというべきであるところ（事例24、最高裁平成17年12月16日判決参照）、上記カ（カーペットクリーニング）及びキ（ハウスクリーニング）の費用はこれらが通常損耗以上の損耗に対する原状回復費用であると認めるに足りる証拠がなく、かつ賃貸人Ｘと賃借人Ｙの間では通常損耗補償特約が明確に合意されていることが認められるに足りる証拠もないから、これらの費用は次の入居者を確保するための費用として貸主である原告が負担すべきである。
　　したがって賃借人Ｙが負担すべき原状回復費用は上記アないしオ、クの費用に消費税相当額を加えた1万6299円にとどまる。
(4)　以上から、未払賃料等に原状回復費用として1万6299円を加えた金額に対して敷金返還債権66万4000円をもって相殺した金額についての請求を認めた。

[事例38] 賃借人が敷引特約を認識していても特約の合意が否定された事例

福岡簡易裁判所判決　平成22年1月29日
〔敷金42万5000円　返還29万5960円〕

1　事案の概要（原告：賃借人X　被告：賃貸人Y）

賃借人Xは、賃貸人Yと平成17年10月、月額賃料8万5000円で賃貸借契約を締結し、敷金として42万5000円を差入れた。

本件契約書には、敷金について明け渡しの1か月後に3.5か月分を差引いて返還するとの約定が付された。

賃借人Xは、平成21年3月28日に本件物件を明け渡したが、賃貸人Yが敷金のうち12万7500円のみ返還をしたため、賃借人Xは本件敷引特約の不成立及び消費者契約法10条に違反し無効であるとして、負担を自認している1540円を除いた29万5960円の返還を求めて提訴した。

これに対し、賃貸人Yは、賃借人Xは敷引特約を納得し、重要事項説明書による十分な説明を受けた上で署名押印をしている、賃借人Xの故意・過失に基づく損傷の修繕費が42万7088円であり返還すべき敷金はない等と争った。

2　判決の要旨

これに対して裁判所は、

(1)　本件敷引特約について、通常損耗による修繕費に充てることを目的とするものと認定し、通常損耗の範囲が賃貸借契約書の条項自体に明記されていないし、また、本件全証拠によっても賃貸人である被告及び本件建物を原告に仲介した訴外不動産会社がこれらの点を口頭により説明し、賃借人である原告がその旨を明確に認識し、それを合意の内容としたと認められるなど、その旨の特約が明確に合意されていることを認めるに足りる証拠はないとして、特約の成立を否定した。

(2)　本件賃貸借契約書及び重要事項説明書には、賃借人Xが署名押印したことは認められるから、賃借人Xは本件敷引特約を認識していたが、本件敷引特約を通常損耗による修繕費に充てることを目的としていると解する以上、同特約の合意の成立のためには、これだけでは不十分であり、さらに

具体的かつ明確な説明を受けた上で、その内容を十分認識し、納得する必要があったと言うべきであると指摘している。
(3) 以上から、賃貸人Yによる賃借人Xの故意・過失に基づく損耗の修繕費の請求については、賃借人Xが自認している1540円以外は本件全証拠によっても、故意・過失による特別損耗と認めることはできないとした。

[事例39] 通常の使用によって生じた損耗とは言えないとして未払使用料等含めて保証金の返還金額はないとされた事例

東京地方裁判所判決　平成22年2月2日
〔敷金（保証金）31万4400円　返還0円〕

1　事案の概要（原告：賃借人X　被告：賃貸人Y）

賃貸人Y（大田区）は、平成10年4月27日、賃借人Xに対し、同年5月6日から使用期限の定めなく使用料月額15万7200円として大田区民住宅条例に基づき使用許可をし、保証金として31万4400円を賃借人Xは賃貸人Yに交付した。

本件使用許可は平成21年4月26日に終了し、同日賃借人Xは賃貸人Yに対し本件建物を明け渡した。

賃借人Xが本件建物を返還した際、賃借人Xには未納の使用料及び共益費13万9500円があり、同条例25条2項に基づく賠償金として29万5020円の支払義務が発生するところ、本件保証金は全額について控除されて残額は発生しないとして賃貸人Yが保証金を返還しなかったことから、賃借人Xは賃貸人Y主張の賠償金は11年の入居期間で社会通念上通常の使用により発生した相応の損耗であるから賠償責任は発生しないとして保証金31万4400円の返還を求めて提訴した。

2　判決の要旨

これに対して裁判所は、
(1) 賃借人Xは本件建物を明け渡した際、本件建物には以下の損傷があった。
　ア　7階（上階）洋室のバルコニー出入口前のフローリング材剥がれ　18万4000円

イ　6階（下階）襖（大）1枚　破損と剥がれ1枚・穴1枚・しみの合計
　　1万3800円
　ウ　7階（上階）台所・洗面金具1個（浄水器が取り付けられたまま）
　　3万5200円
　エ　同場所排水溝菊割ゴム紛失　1650円
　オ　6階（下階）和室及び7階（上階）和室のクーラーキャップ合計3個
　　1万1550円
　カ　6階（下階）和室のシール剥がし跡同玄関部分のシール剥がし跡
　　　7階窓枠（サッシ）部分に取り付けられたフック5か所
　　　6階（下階）和室窓枠部分に取り付けられたフック1か所と壁に取り
　　付けられたフック1か所
　　　6階（下階）玄関脇壁に取り付けられたフック1か所
　　　7階（上階）外壁に取り付けられたフック8か所　合計1万9800円
　キ　6階（下階）トイレ配管　1万1000円
　ク　7階（上階）バルコニー間仕切り固定金具　1万1000円
　ケ　鍵4個　5600円
　コ　鍵（エレベータートランク）　1420円
　　合計29万5020円
　　賃借人Xはいずれも11年の入居期間で社会通念上通常の使用により発生した相応の損耗であるから賠償責任は発生しないと主張するが証拠に照らせばいずれも通常の使用によって生じたものとは言えないから賃借人X主張は採用できない。
(2)　賃借人Xは賃料13万円及び共益費9500円を払っておらず、未納使用料、共益費及び賠償金合計額は43万4520円で、賃借人Xの交付した保証金31万4400円を超過しているので賃貸人Yが賃借人Xに対して還付すべき保証金はないことになる。
(3)　以上から、賃借人Xの控訴を棄却した。

［事例40］　敷引契約について消費者契約法10条に違反しないとされた事例

東京地方裁判所判決　平成22年2月22日
〔敷金26万6000円　返還9万8185円〕

1　事案の概要（原告：賃借人X　被告：賃貸人Y）

賃借人Xは、賃貸人Yとの間で平成20年3月31日、本件建物を賃料月額13万3000円、共益費月額1万円、敷金26万6000円、期間同日から364日（定期借家契約）、解約予告期間1か月という内容で定期借家契約を締結した。

賃借人Xは、再契約を締結した後、平成21年5月18日、賃貸人Yに対して解約を申し入れ、同年6月17日本件建物を明け渡した。

その際賃借人Xは賃貸人Yの担当者から①リビングの柱の傷（縦0.2ないし0.3cm、横0.5cm程度のもの）、②リビングの窓の下の3cm四方のクロスの剥がれ、③寝室の壁の傷（縦0.5cm、横10cm程度の擦った跡）、④寝室の壁の傷（縦1cm、横0.5cmの傷）があることを指摘され、②ないし④についてクロスの張替えによる原状回復費用が必要となると言われ、その後賃貸人Yは原状回復費用12万2850円のうち3万4815円と敷金の償却分13万3000円を敷金26万6000円から差引いた15万8153円（退去日の日割精算返却額5万9968円を含む）を賃借人Xの口座に振り込んだ。

これに対して、賃借人Xは、敷金の償却に関わる特約（本件敷引特約）は消費者契約法10条に違反し無効である、並びに原告が負担すべき原状回復費用は6865円を超えるものではなく、壁クロスの全面張替えが必要ではない、として、賃貸人Yに対して16万1265円及び平成21年8月28日から支払済まで年5分の割合による金員を支払うことを求めて提訴した。

2　判決の要旨

これに対して裁判所は、
(1)　本件敷引契約は、賃借人の債務不履行の有無を問わず敷金から一定額が差引かれることを認めるもので、賃貸借契約に関する任意規定（及び判例等で一般に認められた不文の法理を含む）に比し、賃借人の義務を加重するものと認められるとして消費者契約法10条前段の要件を満たすと判断

し、同条後段の要件については、本件敷引特約は合理的な根拠を持たないと言わざるを得ないが、①本件敷引契約の内容については重要事項説明書、賃貸紛争防止条例に基づく説明書等に明記されており、契約終了時に敷金1か月分が当然差引かれることは消費者である賃借人Xにおいて容易に理解できた、②契約締結時の事情等からすれば賃貸人が賃借人に対して一般的に有利な立場にあったとは言えず、賃貸条件の情報も仲介業者やインターネット等を通じて容易に検索し、比較検討できる状況にあったものと認められ、本件契約の条件と他の賃貸物件の契約状況を比較し、本件敷引特約を含む本件契約を締結すべきか否かを十分に検討できたはずである、③敷引料は賃料の1か月分の13万3000円であり、再契約をすれば1か月あたりの負担額は低額になり、本件では使用期間に対してやや重い負担となったがそれは賃借人Xが中途解約したためである、を考慮すると本件敷引契約をもって直ちに賃借人の利益を信義則に反する程度まで侵害したと見ることはできないから、消費者契約法10条に違反するという賃借人Xの主張には理由がない。

(2) 被告が主張する上記①～④の特別損耗分についてはいずれも自然損耗・経年劣化に属するものとは言い難く、それらは賃借人Xの過失によって生じたものと推認でき、居室全体のクロス張替えが必要となることは容易に想定されるところであり、賃貸人Yは本件壁クロス全体の自然損耗・経年劣化分として約77.5％としており、この算定が不合理と認める証拠はないから賃借人Xが負担する原状回復費用は3万4815円であると認められる。

(3) 以上から、賃借人Xの請求は理由がないとし、これを棄却した。

［事例41］ 違約金支払い条項が消費者契約法10条に違反するとされた事例

東京地方裁判所判決　平成22年6月11日
〔敷金70万5000円　返還60万5284円〕

1　事案の概要（原告：賃借人X　被告：賃貸人Y）

賃借人Xは、賃貸人Yから平成20年2月22日、家賃月額23万5000円並びに管理費・共益費月額1万7000円で契約を締結したが、賃借人Xは同年9月22日に

解約を申し入れ、本件賃貸借契約は同年11月22日に終了し、同日までに明け渡しが完了したが、明け渡しをするに際して賃借人Xは賃貸人Yの代表者の指示に基づき以下の工事を行った。

① 床板塗装工事　12万0750円
② クロスの張替え　15万7920円
③ ルームクリーニング　5万2500円
④ その他諸経費　3万6330円
総合計　36万7500円

また、賃借人Xは本件賃貸借契約の違約金条項に基づく違約金として駐車場料金を含む30万4500円を支払った。

そこで賃借人Xは賃貸人Yに対して①敷金70万5000円の返還、②黙示の合意もしくは事務管理による費用償還請求として、ルームクリーニング代を除く工事代金31万5000円、③違約金条項が消費者契約法10条に違反するものであるとして不当利得返還請求権に基づいて30万4500円の支払を求めて提訴した。（甲事件）

これに対して賃貸人Yは、賃借人Xは本件建物の鍵2本を賃貸人Yに返還せず内1本を紛失し、1本を複製したから鍵本体の交換に要する費用を負担すべきであり、本件賃貸借契約終了後も賃借人Xは原状回復をせず明け渡しもしないとして、①本件建物の明け渡しを求めると共に、②賃貸借契約終了日の翌日から鍵本体の工事完了に至るまで約定の損害金（家賃相当額の2倍の損害金）47万円の支払い、③建物の故障・修理について賃貸人Y担当者が出動した場合の出動費（1日5000円（消費税別））の合計2万6250円（消費税込）、④鍵の引渡し、⑤原状回復工事費用相当額79万5465円、⑥鍵の交換費用2万1000円（消費税込）の支払を賃借人Xに対して求めて提訴した。（乙事件）

2　判決の要旨

これに対して裁判所は、
（甲事件）
(1)　本件建物について通常損耗を超える損耗があるかについては、①居住期間は僅か8か月程度である、②居住していたのは賃借人X及びその婚約者の大人2名で両名とも平日昼間は建物にいない、③賃借人Xが殊更居住内を汚損するような態度で本件建物に居住したことを窺うべき事情はない、

④平成21年7月23日時点の本件建物内の写真、平成20年12月1日時点での本件建物内の写真を見ても居室内が汚損されているとも思われないこと、これらの事情を総合すると、本件建物について通常損耗を超える損耗があったとは認められない（契約書の中にはタバコのヤニ汚れによる壁紙の張替え、塗装費用は全額賃借人の負担とするとの条項があるが、同条項が一義的に明白であるとは言えないから、同条項を根拠として賃借人Xに原状回復義務があるとは言えない）。

よって本件建物について原状回復工事は必要ではないが、少なくともルームクリーニングは賃借人Xの自認することであるから賃借人Xは依頼した工事業者が工事を終了した平成20年12月4日に本件建物を明け渡したというべきであるので、賃借人Xは賃貸人Yに対し賃貸借終了後上記明け渡しを完了した日までの日割り賃料（9万9716円）は敷金から控除して残額60万5284円を賃貸人Yに対して請求することができる。

(2) 賃借人Xの実施した補修工事は賃借人の義務として原状回復が必要でないことが上記のとおりであり、これが賃貸人Yの意思に反していないことから、賃借人Xは事務管理としてその費用の償還を請求できる。

(3) 上記違約金支払条項は、消費者である賃借人Xの利益を一方的に害するというべきであるから、消費者契約法10条に違反すると解するのが相当であり、違約金の支払いは無効の約定に基づいて法律上の原因がなく支払われたものであるからその返還を求めることができる。

(4) 以上から、賃借人Xは賃貸人Yに対して、①敷金60万5284円の返還、②事務管理による費用償還請求として31万5000円、③違約金支払条項が消費者契約法10条に違反することから不当利得返還請求に基づいて違約金相当額30万4500円、合計122万4784円と遅延損害金の請求ができるとした。

（乙事件）

(1) 賃借人Xは鍵を1本紛失している以上契約の条項に従い鍵本体の交換費用（2万1000円（消費税込））を負担するところ、費用を負担する以上は鍵は無用のものであるが、契約上鍵の返還条項が存在し、賃借人Xがその返還を拒絶する理由もないことから賃貸人Yの鍵の返還請求及び鍵の交換費用の双方を認めるのが相当である。

(2) 賃貸人Yが鍵の受領を拒否していることは明らかであり、賃貸人Yは賃

借人Xに鍵を返却していないからといって本件建物の明け渡しが完了していないとは言えないから、鍵の返還までの損害金（1か月47万円）の支払を求める請求は失当である。
(3) 出動費用については賃借人Xの都合により賃貸人Y代表者が出動した以上日当（あるいは出張料）が生じることが消費者の利益を一方的に害するとまでは言えず、これは公序良俗に反するともいえないから4日分の出動費用（2万1000円（消費税込））を賃貸人Yは請求できる。
(4) 以上から、賃貸人Yは賃借人Xに対して①出動費用2万1000円（消費税込）、②鍵の引渡し、③玄関の鍵本体の交換費用（2万1000円（消費税込））の支払いを請求することができるとした。

［事例42］ 通常損耗についての原状回復費用を保証金から定額で控除する方法で賃借人に負担させる特約が有効とされた事例

最高裁判所第1小法廷判決　平成23年3月24日
一審・不明
控訴審・大阪高等裁判所判決　平成21年6月19日
〔敷金（保証金）40万円　返還19万円〕

1　事案の概要（上告人：賃借人X　被上告人：賃貸人Y）

賃借人Xが賃貸人Yに対して賃貸借契約締結時に、保証金約定に基づき40万円を交付したので、賃貸借契約終了後、賃貸人Yは、①本賃貸借契約には、契約経過年数により控除額を差し引いて賃借人Xに返還し、控除額は賃貸人Yが取得する条項があること、および②賃借人Xは本件建物を明け渡す場合に賃貸人Yの指示に従い契約開始時の原状に回復しなければならないが、別紙「損耗・毀損の事例区分（部位別）一覧表」の「貸主の負担となる通常損耗及び自然損耗」については保証金控除額でまかなう旨の条項があるので、通常損耗についての原状回復義務を賃借人Xが負うとされているとして、通常損耗についての原状回復費用21万円を控除した19万円を返還したところ、賃借人Xは当該特約は消費者契約法10条に違反するもので無効であるとして、21万円の返還を求めて提訴したところ、原審は賃借人Xの請求を棄却したため、上告がなされた。

2 判決の要旨

これに対して裁判所は、

(1) 賃借物件の損耗の発生は、賃貸借という契約の本質上当然に予定されているものであるから、通常損耗等についての原状回復義務を負わず、その補修費用の負担義務も負わない。そうすると賃借人に通常損耗等の補修費用を負担させる趣旨を含む本件特約は、任意規定の適用による場合に比し、消費者である賃借人の義務を加重するものというべきである。

(2) 賃貸借契約に敷引特約が付され、賃貸人が取得することになる金員（いわゆる敷引金）の額について契約書に明示されている場合には、賃借人は賃料の額に加え、敷引金の額についても明確に認識した上で契約を締結するのであって、賃借人の負担については明確に合意されている。そして通常損耗等の補修費用は、賃料にこれを含ませてその回収が図られているのが通常だとしても、これに充てるべき金員として授受する旨の合意が成立している場合には、その反面において、上記補修費用が含まれないものとして賃料の額が合意されているとみるのが相当であって、敷引特約によって賃借人が上記補修費用を二重に負担するということはできない。もっとも、消費者契約である賃貸借契約においては、賃借人は、通常、自らが賃借する物件に生ずる通常損耗等の補修費用の額について十分な情報を有していない上、賃貸人との交渉によって敷引特約を排除することも困難であることからすると、敷引金の額が敷引特約の趣旨からみて高額に過ぎる場合には、賃貸人と賃借人との間に存する情報の質及び量並びに交渉力の格差を背景に賃借人が一方的に不利益な負担を余儀なくされたものとみるべき場合が多いといえる。そうすると、消費者契約である居住用建物の賃貸借契約に付された敷引特約は、当該建物に生ずる通常損耗等の補修費用として通常想定される額、賃料の額、礼金等他の一時金の授受の有無及びその額等に照らし、敷引金の額が高額に過ぎると評価すべきものである場合には、当該賃料が近傍同種の建物の賃料相場に比して大幅に低額であるなど特段の事情のない限り、信義則に反して消費者である賃借人の利益を一方的に害するものであって、消費者契約法10条により無効となると解するのが相当である。

(3) 本件特約は、契約締結から明け渡しまでの経過年数に応じて18万ないし34万円を本件保証金から控除するというものであって、本件敷引金の額が

契約の経過年数や本件建物の場所、専有面積等に照らし、本件建物に生ずる通常損耗等の補修費用として通常想定される額を大きく超えるものとまではいえない。また、本件契約における賃料は9万6000円であって、本件敷引金の額は、上記経過年数に応じて上記金額の2倍ないし3.5倍強にとどまっていることに加えて、賃借人Xは、本件契約が更新される場合に1か月分の賃料相当額の更新料の支払い義務を負う他には礼金等他の一時金を支払う義務を負っていない。そうすると、本件敷引金の額が高額に過ぎると評価することはできず、本件特約が消費者契約法10条により無効であるということはできない。

(4) 以上から、原審の判断は、以上と同旨をいうものとして是認することができる。

[参考資料]

(資料1)

国民生活センター等における敷金精算をめぐる苦情・相談の件数
(平成17〜21年度)

　ここでは、平成17年度から平成21年度の間に、全国の国民生活センター等に寄せられた苦情・紛争相談のうち、賃貸アパート等の敷金・原状回復に関する相談件数（平成17年度〜平成21年度受付、平成23年1月7日までの登録分）を集計し掲載しています。

(単位：件)

年度	17年度	18年度	19年度	20年度	21年度	合計
件数	15,271	14,662	14,675	15,313	16,767	76,687
対前年度比(%)	—	96.0	100.1	104.3	109.5	—

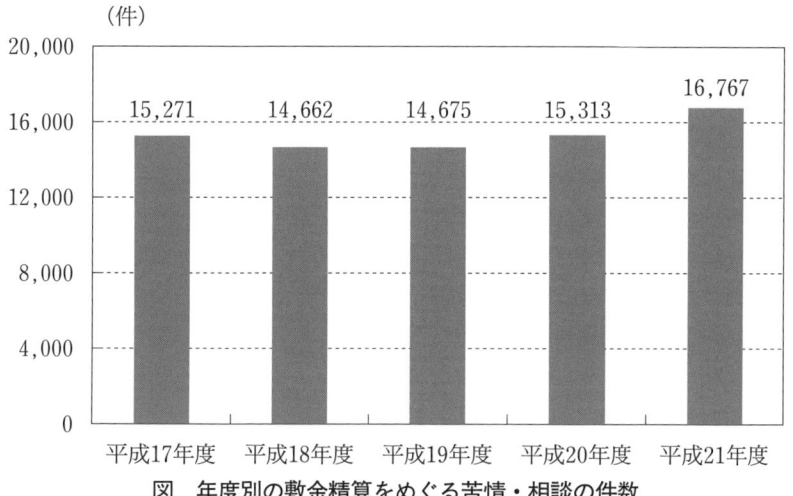

図　年度別の敷金精算をめぐる苦情・相談の件数

（資料２）

民間賃貸住宅市場の実態調査結果（平成20年）

１．入居者の過失等による修繕（原状回復）の状況

(1) 入居者の過失等による修繕（原状回復）の発生割合

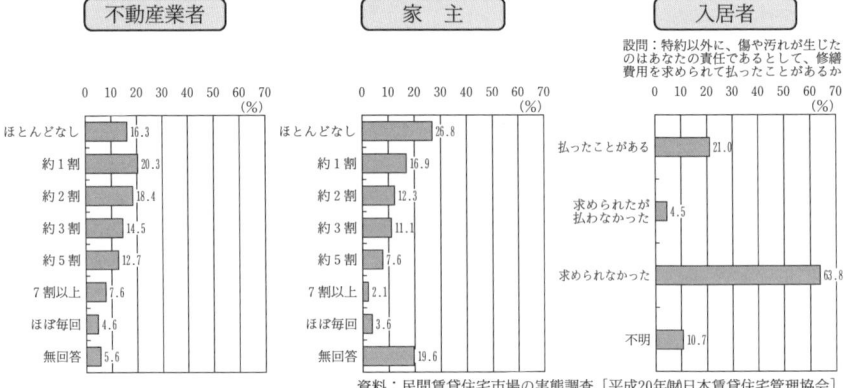

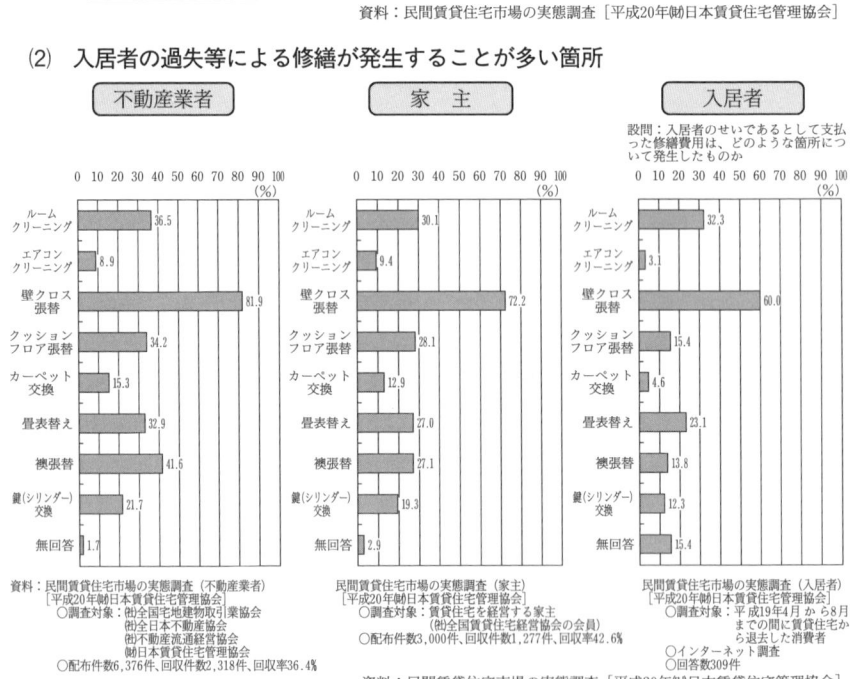

不動産業者

区分	%
ほとんどなし	16.3
約１割	20.3
約２割	18.4
約３割	14.5
約５割	12.7
７割以上	7.6
ほぼ毎回	4.6
無回答	5.6

家主

区分	%
ほとんどなし	25.8
約１割	16.9
約２割	12.3
約３割	11.1
約５割	7.6
７割以上	2.1
ほぼ毎回	3.6
無回答	19.6

入居者

設問：特約以外に、傷や汚れが生じたのはあなたの責任であるとして、修繕費用を求められて払ったことがあるか

区分	%
払ったことがある	21.0
求められたが払わなかった	4.5
求められなかった	63.8
不明	10.7

資料：民間賃貸住宅市場の実態調査［平成20年㈶日本賃貸住宅管理協会］

(2) 入居者の過失等による修繕が発生することが多い箇所

不動産業者

区分	%
ルームクリーニング	36.5
エアコンクリーニング	8.9
壁クロス張替	81.9
クッションフロア張替	34.2
カーペット交換	15.3
畳表替え	32.9
襖張替	41.6
鍵(シリンダー)交換	21.7
無回答	1.7

家主

区分	%
ルームクリーニング	30.1
エアコンクリーニング	9.4
壁クロス張替	72.2
クッションフロア張替	28.1
カーペット交換	12.9
畳表替え	27.0
襖張替	27.1
鍵(シリンダー)交換	19.3
無回答	2.9

入居者

設問：入居者のせいであるとして支払った修繕費用は、どのような箇所について発生したものか

区分	%
ルームクリーニング	32.3
エアコンクリーニング	3.1
壁クロス張替	60.0
クッションフロア張替	15.4
カーペット交換	4.6
畳表替え	23.1
襖張替	13.8
鍵(シリンダー)交換	12.3
無回答	15.4

資料：民間賃貸住宅市場の実態調査（不動産業者）
［平成20年㈶日本賃貸住宅管理協会］
○調査対象：㈳全国宅地建物取引業協会
　　　　　　㈳全日本不動産協会
　　　　　　㈳不動産流通経営協会
　　　　　　㈶日本賃貸住宅管理協会
○配布件数6,376件、回収件数2,318件、回収率36.4%

民間賃貸住宅市場の実態調査（家主）
［平成20年㈶日本賃貸住宅管理協会］
○調査対象：賃貸住宅を経営する家主
　　　　　　㈳全国賃貸住宅経営協会の会員
○配布件数3,000件、回収件数1,277件、回収率42.6%

民間賃貸住宅市場の実態調査（入居者）
［平成20年㈶日本賃貸住宅管理協会］
○調査対象：平成19年4月から8月までの間に賃貸住宅から退去した消費者
　　　　　　○インターネット調査
　　　　　　○回答数309件

資料：民間賃貸住宅市場の実態調査［平成20年㈶日本賃貸住宅管理協会］

(3) ペットやタバコのにおいに起因する入退去時のトラブル発生状況

不動産業者
- よくある 7.0
- たまにある 47.6
- あまりない 20.5
- 滅多にない 22.0
- わからない 1.3
- 無回答 1.5

家主
- よくある 3.3
- たまにある 26.9
- あまりない 20.1
- 滅多にない 24.8
- わからない 18.8
- 無回答 11.0

入居者
設問：ペットやタバコのにおいに起因する入退去時のトラブル経験
- ある 5.8
- ない 91.6
- わからない 2.6

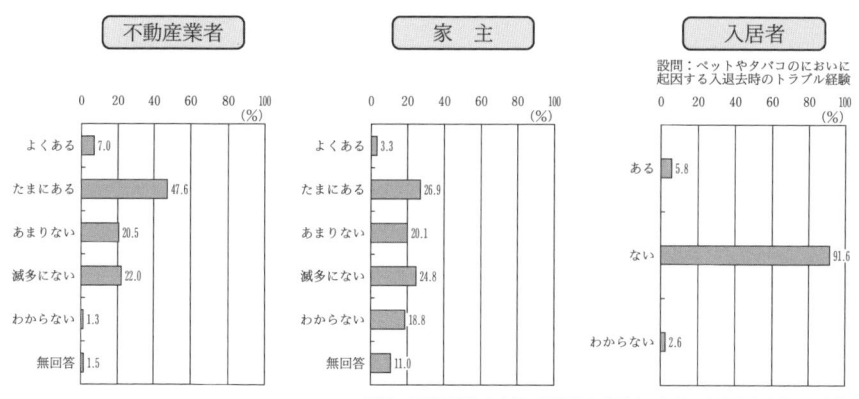

資料：民間賃貸住宅市場の実態調査［平成20年㈶日本賃貸住宅管理協会］

2．敷金返還の状況
(1) 敷金返還の現状

敷引きや滞納家賃分を除外した、敷金の返還割合
- ほとんどなし 20.4%
- 1割 3.2%
- 2割 8.7%
- 3割 10.0%
- 5割 15.9%
- 7割 14.2%
- 9割 7.4%
- 満額 7.1%
- わからない 12.9%

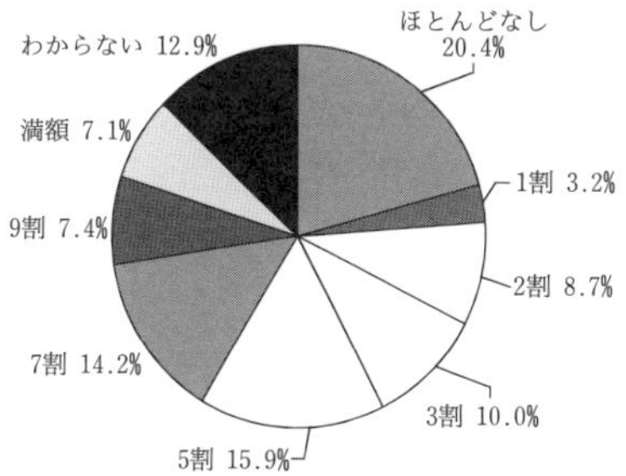

敷金の返還額について、不動産業者や家主からの説明に納得したか
- 十分納得した 21.9%
- 概ね納得した 39.0%
- わからない 16.0%
- あまり納得できなかった 15.2%
- 納得できなかった 7.8%

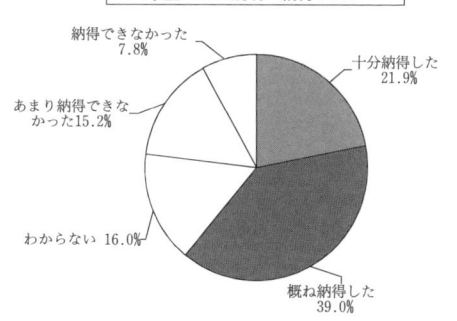

資料：民間賃貸住宅市場の実態調査［平成20年㈶日本賃貸住宅管理協会］

　「敷引きや滞納家賃分を除外した、敷金の返還割合」について、敷金がほとんど返還されなかったとの回答が20.4％と最多となった。一方、5割以上返還された旨の回答の合計は44.6％と約半数だった。

　「敷金の返還額について、不動産業者や家主からの説明に納得したか」について、「十分納得した」と「概ね納得した」の合計は60.9％である。一方、納得できなかった旨の回答は23.0％だった。

(2) 入居者の過失等による修繕費用（特約条項を原因とする金額は除く）
　① 単身用の修繕費用

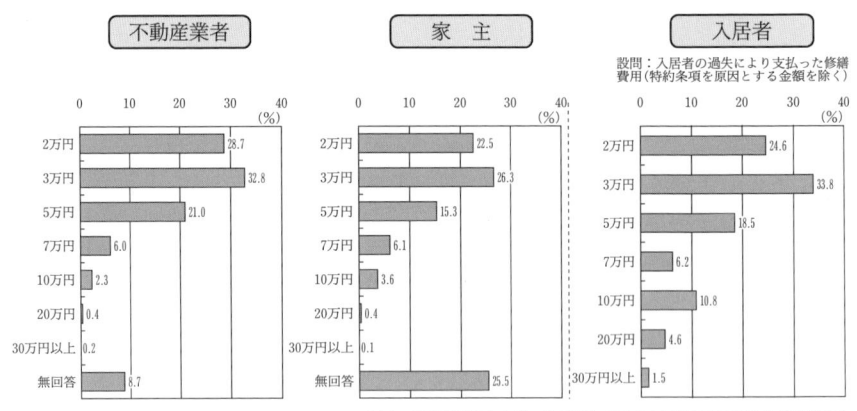

不動産業者

金額	%
2万円	28.7
3万円	32.8
5万円	21.0
7万円	6.0
10万円	2.3
20万円	0.4
30万円以上	0.2
無回答	8.7

家主

金額	%
2万円	22.5
3万円	26.3
5万円	15.3
7万円	6.1
10万円	3.6
20万円	0.4
30万円以上	0.1
無回答	25.5

入居者

設問：入居者の過失により支払った修繕費用（特約条項を原因とする金額を除く）

金額	%
2万円	24.6
3万円	33.8
5万円	18.5
7万円	6.2
10万円	10.8
20万円	4.6
30万円以上	1.5

資料：民間賃貸住宅市場の実態調査［平成20年㈶日本賃貸住宅管理協会］

　② 世帯用の修繕費用

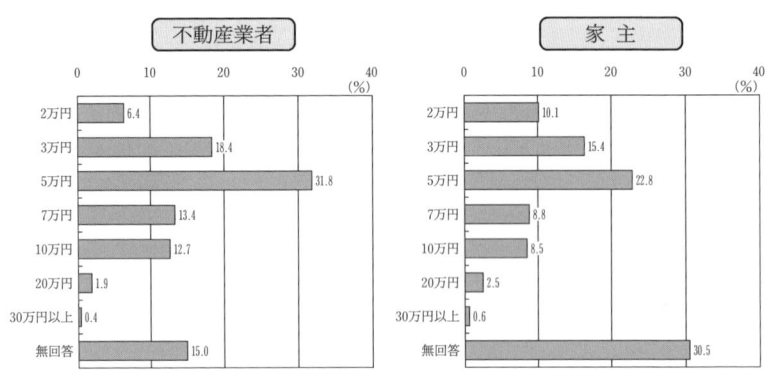

不動産業者

金額	%
2万円	6.4
3万円	18.4
5万円	31.8
7万円	13.4
10万円	12.7
20万円	1.9
30万円以上	0.4
無回答	15.0

家主

金額	%
2万円	10.1
3万円	15.4
5万円	22.8
7万円	8.8
10万円	8.5
20万円	2.5
30万円以上	0.6
無回答	30.5

資料：民間賃貸住宅市場の実態調査［平成20年㈶日本賃貸住宅管理協会］

(資料３)

少額訴訟手続について

少額訴訟手続とは
★ 民事訴訟のうち、少額の金銭の支払をめぐるトラブルを速やかに解決するための手続です。
　裁判所には定型訴状用紙や定型答弁書用紙を備え付けていますので、それらをご利用ください。

★ 少額訴訟の特徴
① 60万円以下の金銭の支払をめぐるトラブルに限って利用できる手続です。
② 原則として、1回の期日で双方の言い分を聞いたり証拠を調べたりして、直ちに判決を言い渡します。ただし、相手方が希望する場合などは、通常の訴訟手続きに移ることもあります。
③ 証拠書類や証人は、審理の日にその場ですぐに調べることができるものに限られます。
④ 裁判所は、訴えを起こした人の請求を認める場合でも、分割払、支払猶予、遅延損害金免除の判決を言い渡すことがあります。
⑤ 少額訴訟判決に対して不服がある場合には、判決をした簡易裁判所に不服（異議）を申し立てることができます。ただし、地方裁判所での再度の審理を求めること（控訴）はできません。

出典：「ご存知ですか？簡易裁判所の少額訴訟」パンフレット（最高裁判所）

申立手数料
　訴額（請求金額）10万円までごとに1,000円の手数料が必要です。
　例えば、18万円の敷金返還請求の訴えを起こす場合の訴額は18万円となりますから、手数料は2,000円となります。

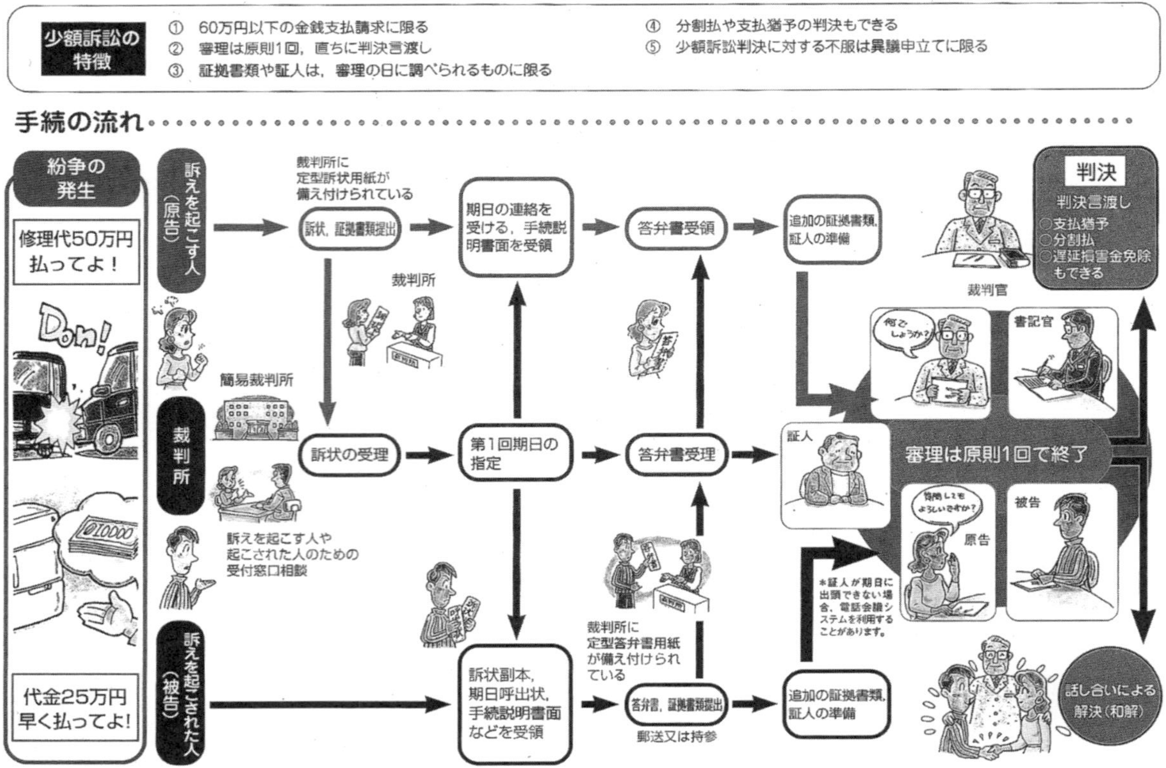

146

手続の流れ

紛争の発生 → 訴えを起こす人（原告）→ 裁判所（簡易裁判所）→ 訴えを起こされた人（被告）

- 修理代50万円払ってよ！
- 代金25万円早く払ってよ！

訴状、証拠書類提出（裁判所に定型訴状用紙が備えられている）
→ 訴状の受理
→ 訴状副本、期日呼出状、手続説明書面などを受領

期日の連絡を受ける、手続説明書面を受領
→ 第1回期日の指定

答弁書受領 ← 答弁書提出（裁判所に定型答弁書用紙が備えられている）郵送又は持参

追加の証拠書類、証人の準備
→ 審理は原則1回で終了 ←　追加の証拠書類、証人の準備

裁判官・書記官・被告・原告・証人

※証人が多数に出廷できない時、電話を利用するシステムを利用することがあります。

判決
- 判決言渡し
- 支払猶予
- 分割払
- 遅延損害金免除もできる

話し合いによる解決（和解）

少額訴訟の特徴

① 60万円以下の金銭支払請求に限る
② 審理は原則1回、直ちに判決言渡し
③ 証拠書類や証人は、審理の日に調べられるものに限る
④ 分割払や支払猶予の判決もできる
⑤ 少額訴訟判決に対する不服は異議申立てに限る

出典：「ご存知ですか？簡易裁判所の少額訴訟」パンフレット（最高裁判所）

(資料4)

民事調停の概要

　調停は、訴訟と異なり、裁判官のほかに一般市民から選ばれた調停委員二人以上が加わって組織した調停委員会が当事者の言い分を聴き、必要があれば事実も調べ、法律的な評価をもとに条理に基づいて歩み寄りを促し、当事者の合意によって実情に即した解決を図ります。調停は、訴訟ほどには手続きが厳格ではないため、だれでも簡単に利用できる上、当事者は法律的な制約にとらわれず自由に言い分を述べることができるという利点があります。

　民事調停は、民事に関する争いを取り扱いますが、その例としては、金銭の貸借や物の売買をめぐる紛争、交通事故をめぐる紛争、借地借家をめぐる紛争、農地の利用関係をめぐる紛争、公害や日照の阻害をめぐる紛争等があります。また、借金をされている方等がこのままでは支払を続けていくことが難しい場合に生活の建て直し等を図るために債権者と返済方法などを話し合う手続きとして、特定調停があります。

　医事関係、建築関係、賃料の増減、騒音・悪臭等の近隣公害などの解決のために専門的な知識経験を要する事件についても、医師、建築士、不動産鑑定士等の専門家の調停委員が関与することにより、適切かつ円滑な解決を図ることができます。

出典：最高裁判所ホームページ

★　民事調停の特徴
① 　手続きが簡単
　　　申立てをするのに特別の法律知識は必要ありません。申立て用紙と、その記入方法を説明したものが簡易裁判所の窓口に備え付けてありますので、簡単に申立てをすることができます。終了までの手続きも簡単なので、自分１人ですることができます。
② 　円満な解決ができる
　　　双方が納得するまで話し合うことが基本なので、実情にあった円満な解決ができます。
③ 　費用が安い
　　　裁判所に収める手数料は、訴訟に比べて安くなっています。例えば、10万円の資金の返済を求める調停を申し立てるための手数料は500円です。
④ 　秘密が守られる
　　　調停は非公開の席で行いますので、他人に知られたくない場合にも安心して事情を話すことができます。
⑤ 　早く解決できる

調停では、ポイントをしぼった話し合いをしますので、解決までの時間は比較的短くてすみます。通常、調停が成立するまでには平均2、3回の調停期日が開かれ、全体の90％以上が3ヶ月以内に解決されています。

出典：「ご存知ですか？簡易裁判所の民事調停」パンフレット（最高裁判所）

[参考資料] ●149

民事調停の流れ

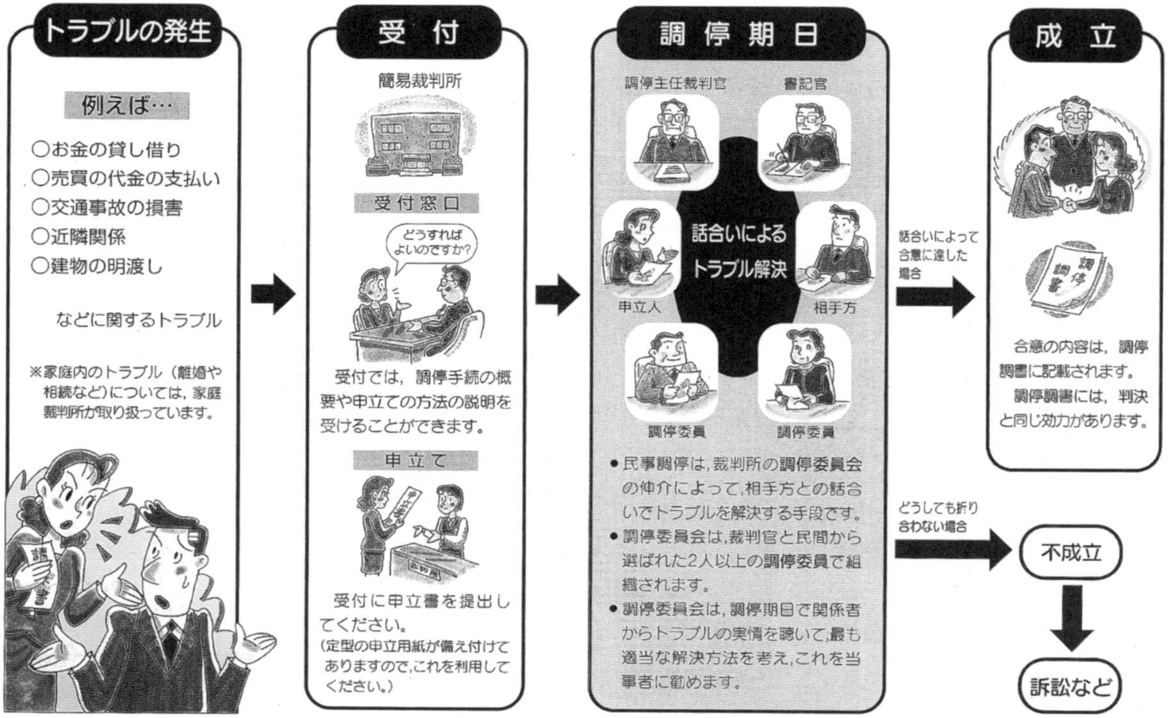

トラブルの発生

例えば……
○お金の貸し借り
○売買の代金の支払い
○交通事故の損害
○近隣関係
○建物の明渡し
などに関するトラブル

※家庭内のトラブル（離婚や相続などについては、家庭裁判所が取り扱っています。

受付

簡易裁判所
受付窓口
どうすればよいのですか？

受付では、調停手続の概要や申立ての方法の説明を受けることができます。

申立て

受付に申立書を提出してください。
（定型の申立用紙が備え付けてありますので、これを利用してください。）

調停期日

調停主任裁判官　書記官　相手方
話合いによるトラブル解決
申立人　調停委員　調停委員

- 民事調停は、裁判所の調停委員会の仲介によって、相手方とのトラブルを話合いで解決する手段です。
- 調停委員会は、裁判官と民間から選ばれた2人以上の調停委員で組織されます。
- 調停委員会は、調停期日で関係者からトラブルの実情を聴いて、最も適当な解決方法を考えて、これを当事者に勧めます。

話合いによって合意に達した場合 →

成立

合意の内容は、調停調書に記載されます。調停調書には、判決と同じ効力があります。

どうしても折り合わない場合 → 不成立 → 訴訟など

出典：「ご存知ですか？簡易裁判所の民事調停」パンフレット（最高裁判所）

訴え等申立手数料簡易計算表（平成16.1.1施行）

訴額等\申立種類	100万円までの分 (〜100万円)	100万円を超え500万円までの分 (100万円〜500万円)	500万円を超え1,000万円までの分 (500万円〜1,000万円)	1,000万円を超え10億円までの分 (1,000万円〜10億円)	10億円を超え50億円までの分 (10億円〜50億円)	50億円を超える分 (50億円〜)
訴え	10万円までごとに 1,000円 100X	20万円までごとに 1,000円 50X＋5,000円	50万円までごとに 2,000円 40X＋10,000円	100万円までごとに 3,000円 30X＋20,000円	500万円までごとに 10,000円 20X＋1,020,000円	1,000万円までごとに 10,000円 10X＋6,020,000円
調停	10万円までごとに 500円 50X	20万円までごとに 500円 25X＋2,500円	50万円までごとに 1,000円 20X＋5,000円	100万円までごとに 1,200円 12X＋13,000円	500万円までごとに 4,000円 8X＋413,000円	1,000万円までごとに 4,000円 4X＋2,413,000円
借地非訟	10万円までごとに 400円 40X	20万円までごとに 400円 20X＋2,000円	50万円までごとに 800円 16X＋4,000円	100万円までごとに 1,200円 12X＋8,000円	500万円までごとに 4,000円 8X＋408,000円	1,000万円までごとに 4,000円 4X＋2,408,000円

備考 上記のXは訴額（万円単位）を示す。
(例) 訴額が100万円であればXは100となる。

[参考資料] ●151

(資料5)

賃貸住宅標準契約書

1．頭書
(1) 賃貸借の目的物

<table>
<tr><td rowspan="8">建物の名称・所在地等</td><td colspan="2">名　称</td><td colspan="4"></td></tr>
<tr><td colspan="2">所在地</td><td colspan="4"></td></tr>
<tr><td rowspan="4">建て方</td><td>共同建
長屋建
一戸建
その他</td><td>構造</td><td>木　造
非木造</td><td rowspan="3">工事完了年
　　　　　年
〔大修繕等を
　（　　）年
　実　施〕</td></tr>
<tr><td></td><td></td><td>　　　　階建</td></tr>
<tr><td></td><td>戸数</td><td>　　　　　戸</td></tr>
<tr><td></td><td></td><td></td><td></td></tr>
<tr><td rowspan="14">住戸部分</td><td colspan="2">住戸番号</td><td>　　号室</td><td>間取り</td><td colspan="2">（　）LDK・DK・K／ワンルーム／</td></tr>
<tr><td colspan="2">面　積</td><td colspan="4">　　　　　　　m²</td></tr>
<tr><td rowspan="7">設備等</td><td>トイレ</td><td colspan="4">専用（水洗・非水洗）・共用（水洗・非水洗）</td></tr>
<tr><td>浴　室</td><td colspan="4">有・無</td></tr>
<tr><td>シャワー</td><td colspan="4">有・無</td></tr>
<tr><td>給湯設備</td><td colspan="4">有・無</td></tr>
<tr><td>ガスコンロ</td><td colspan="4">有・無</td></tr>
<tr><td>冷暖房設備</td><td colspan="4">有・無</td></tr>
<tr><td></td><td colspan="4">有・無</td></tr>
<tr><td>使用可能電気容量</td><td colspan="4">（　　　　　　）アンペア</td></tr>
<tr><td>ガ　ス</td><td colspan="4">有（都市ガス・プロパンガス）・無</td></tr>
<tr><td>上水道</td><td colspan="4">水道本管より直結・受水槽・井戸水</td></tr>
<tr><td>下水道</td><td colspan="4">有（公共下水道・浄化漕）・無</td></tr>
<tr><td rowspan="2">附属施設</td><td>駐車場
自転車置場
物置
専用庭</td><td colspan="4">含む・含まない
含む・含まない
含む・含まない
含む・含まない
含む・含まない
含む・含まない</td></tr>
</table>

(2) 契約期間

始期	年　　　月　　　日から	年　　　　　月間
終期	年　　　月　　　日まで	

(3) 賃料等

賃料・共益費		支払期限		支払方法	
賃　料	円	当月分・翌月分を 毎月　　　日まで	振込又は持参	振込先金融機関名： 預金：普通：当座 口座番号： 口座名義人	
共益費	円	当月分・翌月分を 毎月　　　日まで		持参先：	
敷　金	賃料	か月相当分 円	その他 一時金		
附属施設使用料					
そ の 他					

(4) 貸主及び管理人

貸　主 （社名・代表者）	住所　〒
	氏名　　　　　　　　　　電話番号
管 理 人 （社名・代表者）	住所　〒
	氏名　　　　　　　　　　電話番号

※貸主と建物の所有者が異なる場合は、次の欄も記載すること

建物の所有者	住所　〒
	氏名　　　　　　　　　　電話番号

(5) 借主及び同居人

	借　　主	同　居　人
氏　　名		
		合計　　　　人
緊急時の連絡先	住所　〒	
	氏名　　　電話番号	借主との関係

2．条文

（契約の締結）
第1条　貸主（以下「甲」という。）及び借主（以下「乙」という。）は、頭書(1)に記載する賃貸借の目的物（以下「本物件」という。）について、以下の条項により賃貸借契約（以下「本契約」という。）を締結した。

（契約期間）
第2条　契約期間は、頭書(2)に記載するとおりとする。
2　甲及び乙は、協議の上、本契約を更新することができる。

（使用目的）
第3条　乙は、居住のみを目的として本物件を使用しなければならない。

（賃料）
第4条　乙は、頭書(3)の記載に従い、賃料を甲に支払わなければならない。
2　1か月に満たない期間の賃料は、1か月を30日として日割計算した額とする。
3　甲及び乙は、次の各号の一に該当する場合には、協議の上、賃料を改定することができる。
　一　土地又は建物に対する租税その他の負担の増減により賃料が不相当となった場合
　二　土地又は建物の価格の上昇又は低下その他の経済事情の変動により賃料が不相当となった場合
　三　近傍同種の建物の賃料に比較して賃料が不相当となった場合

（共益費）
第5条　乙は、階段、廊下等の共用部分の維持管理に必要な光熱費、上下水道使用料、清掃費等（以下この条において「維持管理費」という。）に充てるため、共益費を甲に支払うものとする。
2　前項の共益費は、頭書(3)の記載に従い、支払わなければならない。
3　1か月に満たない期間の共益費は、1か月を30日として日割計算した額とする。
4　甲及び乙は、維持管理の増減により共益費が不相当となったときは、協議の上、共益費を改定することができる。

（敷金）
第6条　乙は、本契約から生じる債務の担保として、頭書(3)に記載する敷金を甲に預け入れるものとする。
2　乙は、本物件を明け渡すまでの間、敷金をもって賃料、共益費その他の債務と相殺することができない。
3　甲は、本物件の明渡しがあったときは、遅滞なく、敷金の全額を無利息で乙に返

還しなければならない。ただし、甲は、本物件の明渡し時に、賃料の滞納、原状回復に要する費用の未払いその他の本契約から生じる乙の債務の不履行が存在する場合には、当該債務の額を敷金から差し引くことができる。

4　前項ただし書の場合には、甲は、敷金から差し引く債務の額の内訳を乙に明示しなければならない。

（禁止又は制限される行為）

第7条　乙は、甲の書面による承諾を得ることなく、本物件の全部又は一部につき、賃借権を譲渡し、又は転貸してはならない。

2　乙は、甲の書面による承諾を得ることなく、本物件の増築、改築、移転、改造若しくは模様替又は本物件の敷地内における工作物の設置を行ってはならない。

3　乙は、本物件の使用に当たり、別表第1に掲げる行為を行ってはならない。

4　乙は、本物件の使用に当たり、甲の書面による承諾を得ることなく、別表第2に掲げる行為を行ってはならない。

5　乙は、本物件の使用に当たり、別表第3に掲げる行為を行う場合には、甲に通知しなければならない。

（修繕）

第8条　甲は、別表第4に掲げる修繕を除き、乙が本物件を使用するために必要な修繕を行わなければならない。この場合において、乙の故意又は過失により必要となった修繕に要する費用は、乙が負担しなければならない。

2　前項の規定に基づき甲が修繕を行う場合は、甲は、あらかじめ、その旨を乙に通知しなければならない。この場合において、乙は、正当な理由がある場合を除き、当該修繕の実施を拒否することができない。

3　乙は、甲の承諾を得ることなく、別表第4に掲げる修繕を自らの負担において行うことができる。

（契約解除）

第9条　甲は、乙が次に掲げる義務に違反した場合において、甲が相当の期間を定めて当該義務の履行を催告したにもかかわらず、その期間内に当該義務が履行されないときは、本契約を解除することができる。

　一　第4条第1項に規定する賃料支払義務
　二　第5条第2項に規定する共益費支払義務
　三　前条第1項後段に規定する費用負担義務

2　甲は、乙が次に掲げる義務に違反した場合において、当該義務違反により本契約を継続することが困難であると認められるに至ったときは、本契約を解除することができる。

一　第3条に規定する本物件の使用目的遵守義務
　二　第7条各項に規定する義務
　三　その他本契約書に規定する乙の義務
　（乙からの解約）
第10条　乙は、甲に対して少なくとも30日前に解約の申入れを行うことにより、本契約を解約することができる。
2　前項の規定にかかわらず、乙は、解約申入れの日から30日分の賃料（本契約の解約後の賃料相当額を含む。）を甲に支払うことにより、解約申入れの日から起算して30日を経過する日までの間、随時に本契約を解約することができる。
　（明渡し）
第11条　乙は、本契約が終了する日までに（第9条の規定に基づき本契約が解除された場合にあっては、直ちに）、本物件を明け渡さなければならない。この場合において、乙は、通常の使用に伴い生じた本物件の損耗を除き、本物件を原状回復しなければならない。
2　乙は、前項前段の明渡しをするときには、明渡し日を事前に甲に通知しなければならない。
3　甲及び乙は、第1項後段の規定に基づき乙が行う原状回復の内容及び方法について協議するものとする。
　（立入り）
第12条　甲は、本物件の防火、本物件の構造の保全その他の本物件の管理上特に必要があるときは、あらかじめ乙の承諾を得て、本物件内に立ち入ることができる。
2　乙は、正当な理由がある場合を除き、前項の規定に基づく甲の立入りを拒否することはできない。
3　本契約終了後において本物件を賃借しようとする者又は本物件を譲り受けようとする者が下見をするときは、甲及び下見をする者は、あらかじめ乙の承諾を得て、本物件内に立ち入ることができる。
4　甲は、火災による延焼を防止する必要がある場合その他の緊急の必要がある場合においては、あらかじめ乙の承諾を得ることなく、本物件内に立ち入ることができる。この場合において、甲は、乙の不在時に立ち入ったときは、立入り後その旨を乙に通知しなければならない。
　（連帯保証人）
第13条　連帯保証人は、乙と連帯して、本契約から生じる乙の債務を負担するものとする。

(協議)
第14条　甲及び乙は、本契約書に定めがない事項及び本契約書の条項の解釈について疑義が生じた場合は、民法その他法令及び慣行に従い、誠意をもって協議し、解決するものとする。
(特約事項)
第15条　本契約の特約については、下記のとおりとする。

別表第1　(第7条第3項関係)

一　鉄砲、刀剣類又は爆発性、発火性を有する危険な物品等を製造又は保管すること。
二　大型の金庫その他の重量の大きな物品等を搬入し、又は備え付けること。
三　排水管を腐食させるおそれのある液体を流すこと。
四　大音量でテレビ、ステレオ等の操作、ピアノ等の演奏を行うこと。
五　猛獣、毒蛇等の明らかに近隣に迷惑をかける動物を飼育すること。

別表第2　(第7条第4項関係)

一　階段、廊下等の共用部分に物品を置くこと。
二　階段、廊下等の共用部分に看板、ポスター等の広告物を掲示すること。
三　鑑賞用の小鳥、魚等であって明らかに近隣に迷惑をかけるおそれのない動物以外の犬、猫等の動物(別表第1第五号に掲げる動物を除く。)を飼育すること。

別表第3　(第7条第5項関係)

一　頭書(5)に記載する同居人に新たな同居人を追加(出生を除く。)すること。
二　1か月以上継続して本物件を留守にすること。

別表第 4（第 8 条関係）

畳表の取替え、裏返し
障子紙の張替え
ふすま紙の張替え
電球、蛍光灯の取替え
ヒューズの取替え
給水栓の取替え
排水栓の取替え
その他費用が軽微な修繕

3．記名押印欄

　下記貸主（甲）と借主（乙）は、本物件について上記のとおり賃貸借契約を締結したことを証するため、本契約書2通を作成し、貸主及び借主が記名押印の上、各自その1通を保有する。

　　平成　　年　　月　　日

貸　主（甲）住所

　　　　　　氏名　　　　　　　　　　　　　　　　　印

借　主（乙）住所
　　　　　　氏名　　　　　　　　　　　　　　　　　印

連帯保証人　住所
　　　　　　氏名　　　　　　　　　　　　　　　　　印

媒介　　　　免許証番号〔　　　　〕知事・大臣（　　）第　　　号
業者
代理　　　　事務所所在地

　　　　　　商　号　（名称）

　　　　　　代表者氏名　　　　　　　　　印

　　　　　　宅地建物取引主任者　登録番号〔　　　〕知事第　　　号

　　　　　　　　　　　　　氏　名　　　　　　　　　印

≪記載要領≫

〔頭書関係〕
　以下の事項に注意して記入してください。なお、該当する事項のない欄には「──」を記入してください。
(1) 関　係
　① 「名称」──建物の名称（○○マンション、○○荘など）を記入してください。
　② 「所在地」──住居表示を記入してください。
　③ 「建て方」──該当するものに○をつけてください。
〔用語の説明〕
　　イ　共同建……1棟の中に2戸以上の住宅があり廊下・階段等を共有しているものや、2戸以上の住宅を重ねて建てたもの。階下が商店で、2階以上に2戸以上の住宅がある、いわゆる「げたばき住宅」も含まれます。
　　ロ　長屋建……2戸以上の住宅を1棟に建て連ねたもので、各住戸が壁を共通にし、それぞれ別々に外部への出入口を有しているもの。いわゆる「テラスハウス」も含まれます。
　　ハ　一戸建……1つの建物が1住宅であるもの
　　ニ　その他……イ～ハのどれにも当てはまらないもので、例えば、工場や事業所の一部が住宅となっているような場合をいいます。
　④ 「構造」──木造、非木造の該当する方に○をつけ、建物の階数（住戸が何階にあるかではなく、建物自体が何階建てか。）を記入してください。
〔用語の説明〕
　　イ　木造……主要構造部（壁、柱、床、はり、屋根又は階段をいう。）が木造のもの
　　ロ　非木造……木造以外のもの
　⑤ 「戸数」──建物内にある住戸の数を記入してください。
　⑥ 「工事完了年」──（記載例）

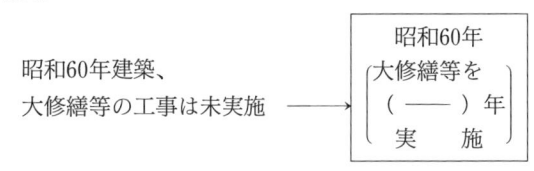

　　　　　　　　　昭和60年建築、
　　　　　　　　　大修繕等の工事は未実施　　→　　昭和60年
　　　　　　　　　　　　　　　　　　　　　　　　　大修繕等を
　　　　　　　　　　　　　　　　　　　　　　　　（──）年
　　　　　　　　　　　　　　　　　　　　　　　　　実　　施

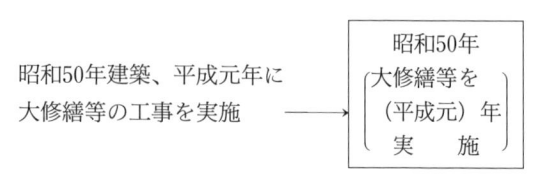

　　　　　　　　　　　　　　　　　　　　　　　　　┌─────────┐
　　　　　　　　　　　　　　昭和50年建築、平成元年に　　│昭和50年　│
　　　　　　　　　　　　　　大修繕等の工事を実施　────→│大修繕等を│
　　　　　　　　　　　　　　　　　　　　　　　　　　　　│（平成元）年│
　　　　　　　　　　　　　　　　　　　　　　　　　　　　│実　　施　│
　　　　　　　　　　　　　　　　　　　　　　　　　　　　└─────────┘

⑦　「間取り」──〔記載例〕
　　　　　　　3DK────→ (3) LDK・|DK|・K／ワンルーム／
　　　　　　　ワンルーム→(　) LDK・DK・K／|ワンルーム|／
　　　　　　　2LDKS────→ (2) |LDK|・DK・K／ワンルーム／|サービスルーム有り|

〔用語の説明〕
　　イ　K ………台所
　　ロ　DK ……1つの部屋が食事室と台所とを兼ねているもの
　　ハ　LDK……1つの部屋が居間と食事室と台所を兼ねているもの

⑧　「面積」──バルコニーを除いた専用部分の面積を記入してください。バルコニーがある場合には、次の記載例のようにカッコを設けてその中にバルコニー面積を記入してください。

　　（記載例）　　⎧バルコニーを除いた専用面積　50m²⎫
　　　　　　　　　⎩バルコニーの面積　10m²　　　　　⎭
　　　　　　　────→ 50m²（それ以外に、バルコニー10m²）

⑨　「設備等」──各設備などの選択肢の該当するものに○をつけ、特に書いておくべき事項〔設備の性能、損耗状況など〕があれば右の空欄に記入してください。
　　「使用可能電気容量」の数字をカッコの中に記入してください。選択肢を設けていない設備などで書いておくことが適当なもの（例：照明器具、電話）があれば、「冷暖房設備」の下の余白を利用してください。

⑩　「附属施設」──各附属施設につき、本契約の対象となっている場合は「含む」に○をつけ、本契約の対象となっていない場合は「含まない」に○をつけてください。また、特に書いておくべき事項（施設の概要、庭の利用可能面積など）があれば右の空欄に記入してください。
　　各附属施設につき、本契約とは別に契約をする場合には、選択肢の「含まない」に○をつけ、右の空欄に「別途契約」と記入してください。
　　選択肢を設けていない附属施設で書いておくことが適当なものがあれば、「専用庭」の下の余白を利用してください。

(2) 関　係

「始期」──契約を締結する日と入居が可能となる日とが異なる場合には、入居が可能となる日を記入してください。
(3) 関　係
　① 「支払期限」──当月分・翌月分の該当する方に○をつけてください。
　② 「支払方法」──振込又は自動口座振替の場合は、貸主側の振込先金融機関名等を記入してください。
　　「預金」の欄の普通預金・当座預金の該当する方に○をつけてください。
　③ 「その他一時金」──敷金以外のその他一時金について特約をする場合は、第15条の特約条項の欄に所定の特約事項を記入するとともに、この欄に、その一時金の名称、金額などを記入してください。
　④ 「附属施設使用料」──賃料とは別に附属施設の使用料を徴収する場合は、この欄にその施設の名称、使用料額などを記入してください。
　⑤ 「その他」──「賃料」、「共益費」、「敷金」、「その他一時金」、「附属施設使用料」の欄に記入する金銭以外の金銭の授受を行う場合（例：専用部分の光熱費を貸主が徴収して一括して事業者に支払う場合）は、この欄にその内容、金額などを記入してください。
(5) 関　係
　① 「同居人」──同居する人の氏名と人数を記入してください。
　② 「緊急時の連絡先」──勤務先、親戚の住所など、貸主や管理人が緊急時に借主に連絡を取れるところを記入してください。
〔第7条（禁止又は制限される行為）関係〕
　甲が第5項に規定する通知の受領を管理人に委託しているときは、第5項の「甲に通知しなければならない。」を「甲又は管理人に通知しなければならない。」又は「管理人に通知しなければならない。」に変更することとなります。
　別表第1、別表第2及び別表第3は、個別事情に応じて、適宜、変更、追加及び削除をすることができます。
　変更する場合には、変更する部分を二重線等で抹消して新たな文言を記載し、その上に甲と乙とが押印してください。
　追加する場合には、既に記入されている例示事項の下の空欄に記入し、追加した項目ごとに、記載の上に甲と乙とが押印してください。
　削除する場合には、削除する部分を二重線で抹消し、その上に甲と乙とが押印してください。
　一戸建の賃貸住宅に係る契約においては、別表第2第一号と第二号は、一般的に削除することとなります。

同居人に親族以外が加わる場合を承諾事項とするときには、別表第3第一号を「頭書(5)に記載する同居人に乙の親族を追加（出生を除く。）すること。」に変更し、別表第2に「頭書(5)に記載する同居人に乙の親族以外の者を追加（出生を除く。）すること。」を追加することとなります。

〔第15条（特約条項）関係〕
　空欄に特約として定める事項を記入し、項目ごとに、記載の上に甲と乙が押印してください。
　主要な特約条項として、次の事項を挙げることができます。
① 賃料を一定の期間ごとにあらかじめ合意した算定式（例：改定賃料＝旧賃料×変動率）に基づいて自動的に改定する旨を約定する場合、その内容
② 敷金以外のその他一時金について約定する場合、その内容
③ 賃料の増減額にスライドさせて敷金などを増減額させる場合、その内容
　（記載例）
　1　頭書(3)に記載する敷金の額は、第4条第3項に基づき賃料が改定された場合には、当該敷金の額に、改定後の賃料の改定前の賃料に対する割合を乗じて得た額に改めるものとする。
　2　前項の場合において、敷金の額が増加するときは、乙は、改定後の敷金の額と改定前の敷金の額との差額を甲に支払わなければならない。
　3　第1項の場合において、敷金の額が減少するときは、甲は、改定後の敷金の額と改定前の敷金の額との差額を乙に返還しなければならない。
　　※本規定により敷金の額が変更された場合には、頭書(3)に記入してある敷金の額を書き換えたうえ、その上に甲と乙が押印する必要があります。
④ 営業目的の併用使用を認める場合、その手続き
　（記載例1）
　1　第3条の規定にかかわらず、乙は、近隣に迷惑を及ぼさず、かつ、本物件の構造に支障を及ぼさない範囲内であれば、本物件を居住目的に使用しつつ、併せて○○○、○○○等の営業目的に使用することができる。
　2　乙は、本物件を○○○、○○○等の人の出入りを伴う営業目的に使用する場合は、あらかじめ、次に掲げる事項を書面により甲に通知しなければならない。
　　一　営業の内容
　　二　営業目的に使用する日及び時間帯
　　三　営業目的の使用に伴い本物件に出入りする人数
　3　乙は、第1項ただし書に基づき本物件を営業目的に使用する場合は、常時、近隣に迷惑を及ぼさず、かつ、本物件の構造に支障を及ぼさないように本物件を使

用しなければならない。
　（記載例2）
　　1　第3条の規定にかかわらず、乙は、甲の書面による承諾を得て、本物件を居住目的に使用しつつ、併せて営業目的に使用することができる。
⑤　駐車場、自転車置場、庭などがある場合、その使用方法など

≪承諾書（例）≫

(1) 賃借権譲渡承諾書（例）　（賃貸住宅標準契約書第7条第1項関係）

○年○月○日

賃借権譲渡の承諾についてのお願い

（賃貸人）住所
　　　　　氏名　○　○　○　○　殿

　　　　　　　　　　　　　　　（賃借人）住所
　　　　　　　　　　　　　　　　　　　　氏名　○　○　○　○　印

　私が賃借している下記(1)の住宅の賃借権の｛全部／一部｝を、下記(2)の者に譲渡したいので、承諾願います。

記

(1) 住　宅	名　　称	
	所 在 地	
	住戸番号	
(2) 譲受人	住　　所	
	氏　名	

承　　諾　　書

　上記について、承諾いたします。
　　（なお、　　　　　　　　　　　　　　　　　　　　　　　　　　　　）

○年○月○日
（賃貸人）住所
　　　　　氏名　○　○　○　○　印

〔注〕
1　賃借人は、本承諾書の点線から上の部分を記載し、賃貸人に2通提出してください。賃貸人は、承諾する場合には本承諾書の点線から下の部分を記載し、1通を賃借人に返還し、1通を保管してください。
2　「全部」又は「一部」の該当する方に○を付してください。
3　(1)の欄は、契約書頭書(1)を参考にして記載してください。
4　一部譲渡の場合は、譲渡部分を明確にするため、図面等を添付する必要があります。
5　承諾に当たっての確認事項等があれば、「なお、」の後に記載してください。

(2) 転貸承諾書（例）（賃貸住宅標準契約書第7条第1項関係）

〇年〇月〇日

転貸の承諾についてのお願い

（賃貸人）住所
　　　　　氏名　　〇〇〇〇　殿

（賃借人）住所
　　　　　氏名　　〇〇〇〇　印

私が賃借している下記(1)の住宅の $\left\{\begin{array}{l}全部\\一部\end{array}\right\}$ を、下記(2)の者に転貸したいので、承諾願います。

記

(1) 住宅	名　称	
	所在地	
	住戸番号	
(2) 転借人	住　所	
	氏　名	

承　諾　書

上記について、承諾いたします。
　（なお、　　　　　　　　　　　　　　　　　　　　　　　　　）

〇年〇月〇日
（賃貸人）住所
　　　　　氏名　　〇〇〇〇　印

〔注〕
1　賃借人は、本承諾書の点線から上の部分を記載し、賃貸人に2通提出してください。賃貸人は、承諾する場合には本承諾書の点線から下の部分を記載し、1通を賃借人に返還し、1通を保管してください。
2　「全部」又は「一部」の該当する方に〇を付してください。
3　(1)の欄は、契約書頭書(1)を参考にして記載してください。
4　一部転貸の場合は、転貸部分を明確にするため、図面等を添付する必要があります。
5　承諾に当たっての確認事項等があれば、「なお、」の後に記載してください。

(3) 増改築等承諾書（例）（賃貸住宅標準契約書第7条第2項関係）

〇年〇月〇日

増改築等の承諾についてのお願い

（賃貸人）住所
　　　　　氏名　〇〇〇〇　殿

（賃借人）住所
　　　　　氏名　〇〇〇〇　印

　私が賃借している下記(1)の住宅の増改築等を、下記(2)のとおり行いたいので、承諾願います。

記

(1) 住 宅	名　　称	
	所 在 地	
	住戸番号	
(2) 増改築等の概要	別紙のとおり	

- -

承　諾　書

　上記について、承諾いたします。
　　（なお、　　　　　　　　　　　　　　　　　　　　　　　　）
　　　　〇年〇月〇日
　　　　　　　　　　　　　　（賃貸人）住所
　　　　　　　　　　　　　　　　　　　氏名　〇〇〇〇　印

〔注〕
1　賃借人は、本承諾書の点線から上の部分を記載し、賃貸人に2通提出してください。賃貸人は、承諾する場合には本承諾書の点線から下の部分を記載し、1通を賃借人に返還し、1通を保管してください。
2　「増改築等」とは、契約書第7条第2項に規定する「増築、改築、移転、改造若しくは模様替又は本物件の敷地内における工作物の設置」をいいます。
3　(1)の欄は、契約書頭書(1)を参考にして記載してください。
4　増改築等の概要を示した別紙を添付する必要があります。
5　承諾に当たっての確認事項等があれば、「なお、」の後に記載してください。

(4) 契約書別表第2に掲げる行為の実施承諾書（例）
　　（賃貸住宅標準契約書第7条第4項関係）

〇年〇月〇日
契約書別表第2に掲げる行為の実施承諾についてのお願い
（賃貸人）住所
　　　　　氏名　〇〇〇〇　殿
　　　　　　　　　　　（賃借人）住所
　　　　　　　　　　　　　　　　氏名　〇〇〇〇　印

　私が賃借している下記(1)の住宅において、契約書別表第2第〇号に当たる下記(2)の行為を行いたいので、承諾願います。

記

(1) 住　宅	名　　称	
	所 在 地	
	住戸番号	
(2) 行為の内　　容		

- -

　　　　　　　　　　承　　諾　　書
　上記について、承諾いたします。
　　（なお、　　　　　　　　　　　　　　　　　　　　　　　）
　　　　　　　〇年〇月〇日
　　　　　　　　　　（賃貸人）住所
　　　　　　　　　　　　　　　氏名　〇〇〇〇　殿

〔注〕
1　賃借人は、本承諾書の点線から上の部分を記載し、賃貸人に2通提出してください。賃貸人は、承諾する場合には本承諾書の点線から下の部分を記載し、1通を賃借人に返還し、1通を保管してください。
2　「第〇号」の〇には、別表第2の該当する号を記載してください。
3　(1)の欄は、契約書頭書(1)を参考にして記載してください。
4　(2)の欄には、行為の内容を具体的に記載してください。
5　承諾に当たっての確認事項等があれば、「なお、」の後に記載してください。

(資料６)

定期賃貸住宅標準契約書

１．頭書

(1) 賃貸借の目的物

<table>
<tr><td rowspan="4">建物の名称・所在地等</td><td colspan="2">名　称</td><td colspan="4"></td></tr>
<tr><td colspan="2">所在地</td><td colspan="4"></td></tr>
<tr><td rowspan="2">建て方</td><td rowspan="2">共同建
長屋建
一戸建
その他</td><td rowspan="2">構造</td><td>木　造
非木造</td><td colspan="2">工事完了年</td></tr>
<tr><td>　　　階建</td><td colspan="2">　　　　　年
大修繕等を
(　　　) 年
実　　施</td></tr>
<tr><td></td><td></td><td></td><td>戸数</td><td>　　　戸</td><td colspan="2"></td></tr>
<tr><td rowspan="10">住戸部分</td><td colspan="2">住戸番号</td><td>　　　号室</td><td>間取り</td><td colspan="2">(　) LDK・DK・K／ワンルーム／</td></tr>
<tr><td colspan="2">面　積</td><td colspan="4">　　　　　m²</td></tr>
<tr><td rowspan="8">設備等</td><td>トイレ</td><td colspan="4">専用（水洗・非水洗）・共用（水洗・非水洗）</td></tr>
<tr><td>浴　室</td><td colspan="4">有・無</td></tr>
<tr><td>シャワー</td><td colspan="4">有・無</td></tr>
<tr><td>給湯設備</td><td colspan="4">有・無</td></tr>
<tr><td>ガスコンロ</td><td colspan="4">有・無</td></tr>
<tr><td>冷暖房設備</td><td colspan="4">有・無</td></tr>
<tr><td></td><td colspan="4">有・無</td></tr>
<tr><td></td><td colspan="4">有・無</td></tr>
<tr><td colspan="2">使用可能電気容量</td><td colspan="4">(　　　　) アンペア</td></tr>
<tr><td colspan="2">ガ　ス</td><td colspan="4">有（都市ガス・プロパンガス）・無</td></tr>
<tr><td colspan="2">上水道</td><td colspan="4">水道本管より直結・受水漕・井戸水</td></tr>
<tr><td colspan="2">下水道</td><td colspan="4">有（公共下水道・浄化漕）・無</td></tr>
<tr><td rowspan="6">附属施設</td><td colspan="2">駐車場</td><td colspan="3">含む・含まない</td></tr>
<tr><td colspan="2">自転車置場</td><td colspan="3">含む・含まない</td></tr>
<tr><td colspan="2">物置</td><td colspan="3">含む・含まない</td></tr>
<tr><td colspan="2">専用庭</td><td colspan="3">含む・含まない</td></tr>
<tr><td colspan="2"></td><td colspan="3">含む・含まない</td></tr>
<tr><td colspan="2"></td><td colspan="3">含む・含まない</td></tr>
</table>

(2) 契約期間

始期	年　　　月　　　日から	年　　　月間
終期	年　　　月　　　日まで	

　　（契約終了の通知をすべき期間　　年　　月　　日から　　年　　月　　日まで）

(3) 賃料等

賃料・共益費	支払期限	支払方法	
賃　料　　　　　円	当月分・翌月分を 毎月　　　日まで	振込又は持参	振込先金融機関： 預金： 口座番号： 口座名義人
共益費　　　　　円	当月分・翌月分を 毎月　　　日まで		持参先：
敷　金　賃料　か月相当分 　　　　　　　　　円			
附属施設使用料			
そ　の　他			

(4) 貸主及び管理人

貸　主 （社名・代表者）	住所　〒
	氏名　　　　　　　　　　電話番号
管理人 （社名・代表者）	住所　〒
	氏名　　　　　　　　　　電話番号

※貸主と建物の所有者が異なる場合は、次の欄も記載すること

建物の所有者	住所　〒
	氏名　　　　　　　　　　電話番号

(5) 借主及び同居人

	借　主	同　居　人
氏　名		
		合計　　　人
緊急時の連絡先	住所　〒	
	氏名　　　電話番号	借主との関係

2．条文
(契約の締結)
第1条 貸主(以下「甲」という。)及び借主(以下「乙」という。)は、頭書(1)に記載する賃貸借の目的物(以下「本物件」という。)について、以下の条項により借地借家法(以下「法」という。)第38条に規定する定期建物賃貸借契約(以下「本契約」という。)を締結した。

(契約期間)
第2条 契約期間は、頭書(2)に記載するとおりとする。
2　本契約は、前項に規定する期間の満了により終了し、更新がない。ただし、甲及び乙は、協議の上、本契約の期間の満了の日の翌日を始期とする新たな賃貸借契約(以下「再契約」という。)をすることができる。
3　甲は、第1項に規定する期間の満了の1年前から6月前までの間(以下「通知期間」という。)に乙に対し、期間の満了により賃貸借が終了する旨を書面によって通知するものとする。
4　甲は、前項に規定する通知をしなければ、賃貸借の終了を乙に主張することができず、乙は、第1項に規定する期間の満了後においても、本物件を引き続き賃借することができる。ただし、甲が通知期間の経過後乙に対し期間の満了により賃貸借が終了する旨の通知をした場合においては、その通知の日から6月を経過した日に賃貸借は終了する。

(使用目的)
第3条 乙は、居住のみを目的として本物件を使用しなければならない。

(賃料)
第4条 乙は、頭書(3)の記載に従い、賃料を甲に支払わなければならない。
2　1か月に満たない期間の賃料は、1か月を30日として日割計算した額とする。
3　甲及び乙は、次の各号の一に該当する場合には、協議の上、賃料を改定することができる。
　一　土地又は建物に対する租税その他の負担の増減により賃料が不相当となった場合
　二　土地又は建物の価格の上昇又は低下その他の経済事情の変動により賃料が不相当となった場合
　三　近傍同種の建物の賃料に比較して賃料が不相当となった場合

(共益費)
第5条 乙は、階段、廊下等の共用部分の維持管理に必要な光熱費、上下水道使用料、清掃費等(以下この条において「維持管理費」という。)に充てるため、共益

費を甲に支払うものとする。
2　前項の共益費は、頭書(3)の記載に従い、支払わなければならない。
3　1か月に満たない期間の共益費は、1か月を30日として日割計算した額とする。
4　甲及び乙は、維持管理費の増減により共益費が不相当になったときは、協議の上、共益費を改定することができる。

（敷金）
第6条　乙は、本契約から生じる債務の担保として、頭書(3)に記載する敷金を甲に預け入れるものとする。
2　乙は、本物件を明け渡すまでの間、敷金をもって賃料、共益費その他の債務と相殺することができない。
3　甲は、本物件の明渡しがあったときは、遅滞なく、敷金の全額を無利息で乙に返還しなければならない。ただし、甲は、本物件の明渡し時に、賃料の滞納、原状回復に要する費用の未払いその他の本契約から生じる乙の債務の不履行が存在する場合には、当該債務の額を敷金から差し引くことができる。
4　前項ただし書の場合には、甲は、敷金から差し引く債務の額の内訳を乙に明示しなければならない。

（禁止又は制限される行為）
第7条　乙は、甲の書面による承諾を得ることなく、本物件の全部又は一部につき、賃借権を譲渡し、又は転貸してはならない。
2　乙は、甲の書面による承諾を得ることなく、本物件の増築、改築、移転、改造若しくは模様替又は本物件の敷地内における工作物の設置を行ってはならない。
3　乙は、本物件の使用に当たり、別表第1に掲げる行為を行ってはならない。
4　乙は、本物件の使用に当たり、甲の書面による承諾を得ることなく、別表第2に掲げる行為を行ってはならない。
5　乙は、本物件の使用に当たり、別表第3に掲げる行為を行う場合には、甲に通知しなければならない。

（修繕）
第8条　甲は、別表第4に掲げる修繕を除き、乙が本物件を使用するために必要な修繕を行わなければならない。この場合において、乙の故意又は過失により必要となった修繕に要する費用は、乙が負担しなければならない。
2　前項の規定に基づき甲が修繕を行う場合は、甲は、あらかじめ、その旨を乙に通知しなければならない。この場合において、乙は、正当な理由がある場合を除き、当該修繕の実施を拒否することができない。
3　乙は、甲の承諾を得ることなく、別表第4に掲げる修繕を自らの負担において行

うことができる。
　（契約の解除）
第9条　甲は、乙が次に掲げる義務に違反した場合において、甲が相当の期間を定めて当該義務の履行を催告したにもかかわらず、その期間内に当該義務が履行されないときは、本契約を解除することができる。
　一　第4条第1項に規定する賃料支払義務
　二　第5条第2項に規定する共益費支払義務
　三　前条第1項後段に規定する費用負担義務
2　甲は、乙が次に掲げる義務に違反した場合において、当該義務違反により本契約を継続することが困難であると認められるに至ったときは、本契約を解除することができる。
　一　第3条に規定する本物件の使用目的遵守義務
　二　第7条各項に規定する義務
　三　その他本契約書に規定する乙の義務
　（乙からの解約）
第10条　乙は、甲に対して少なくても1月前に解約の申入れを行うことにより、本契約を解約することができる。
2　前項の規定にかかわらず、乙は、解約申入れの日から1月分の賃料（本契約の解約後の賃料相当額を含む。）を甲に支払うことにより、解約申入れの日から起算して1月を経過する日までの間、随時に本契約を解約することができる。
　（明渡し）
第11条　乙は、本契約が終了する日（甲が第2条第3項に規定する通知をしなかった場合においては、同条第4項ただし書きに規定する通知をした日から6月を経過した日）までに（第9条の規定に基づき本契約が解除された場合にあっては、直ちに）、本物件を明け渡さなければならない。この場合において、乙は、通常の使用に伴い生じた本物件の損耗を除き、本物件を原状回復しなければならない。
2　乙は、前項前段の明渡しをするときには、明渡し日を事前に甲に通知しなければならない。
3　甲及び乙は、第1項後段の規定に基づき乙が行う原状回復の内容及び方法について協議するものとする。
　（立入り）
第12条　甲は、本物件の防火、本物件の構造の保全その他の本物件の管理上特に必要があるときは、あらかじめ乙の承諾を得て、本物件内に立ち入ることができる。
2　乙は、正当な理由がある場合を除き、前項の規定に基づく甲の立入りを拒否する

ことはできない。
3 本契約終了後において本物件を賃借しようとする者又は本物件を譲り受けようとする者が下見をするときは、甲及び下見をする者は、あらかじめ乙の承諾を得て、本物件内に立ち入ることができる。
4 甲は、火災による延焼を防止する必要がある場合その他の緊急の必要がある場合においては、あらかじめ乙の承諾を得ることなく、本物件内に立ち入ることができる。この場合において、甲は、乙の不在時に立ち入ったときは、立入り後その旨を乙に通知しなければならない。

（連帯保証人）
第13条 連帯保証人は、乙と連帯して、本契約から生じる乙の債務（甲が第2条第3項に規定する通知をしなかった場合においては、同条第1項に規定する期間内のものに限る。）を負担するものとする。

（再契約）
第14条 甲は、再契約の意向があるときは、第2条第3項に規定する通知の書面に、その旨を付記するものとする。
2 再契約をした場合は、第11条の規定は適用しない。ただし、本契約における原状回復の債務の履行については、再契約に係る賃貸借が終了する日までに行うこととし、敷金の返還については、明渡しがあったものとして第6条第3項に規定するところによる。

（協議）
第15条 甲及び乙は、本契約書に定めがない事項及び本契約書の条項の解釈について疑義が生じた場合は、民法その他法令及び慣行に従い、誠意をもって協議し、解決するものとする。

（特約事項）
第16条 本契約の特約については、下記のとおりとする。

別表第1（第7条第3項関係）

一	鉄砲、刀剣類又は爆発性、発火性を有する危険な物品等を製造又は保管すること。
二	大型の金庫その他の重量の大きな物品等を搬入し、又は備え付けること。
三	排水管を腐食させるおそれのある液体を流すこと。
四	大音量でテレビ、ステレオ等の操作、ピアノ等の演奏を行うこと。
五	猛獣、毒蛇等の明らかに近隣に迷惑をかける動物を飼育すること。

別表第2（第7条第4項関係）

一	階段、廊下等の共用部分に物品を置くこと。
二	階段、廊下等の共用部分に看板、ポスター等の広告物を掲示すること。
三	鑑賞用の小鳥、魚等であって明らかに近隣に迷惑をかけるおそれのない動物以外の犬、猫等の動物（別表第1第五号に掲げる動物を除く。）を飼育すること。

別表第3（第7条第5項関係）

一	頭書(5)に記載する同居人に新たな同居人を追加（出生を除く。）すること。
二	1か月以上継続して本物件を留守にすること。

別表第4（第8条関係）

畳表の取替え、裏返し
障子紙の張替え
ふすま紙の張替え
電球、蛍光灯の取替え
ヒューズの取替え
給水栓の取替え
排水栓の取替え
その他費用が軽微な修繕

3．記名押印欄

　下記貸主（甲）と借主（乙）は、本物件について上記のとおり賃貸借契約を締結したことを証するため、本契約書2通を作成し、貸主及び借主が記名押印の上、各自その1通を保有する。

平成　　年　　　月　　　日

貸　主（甲）住所

　　　　　　氏名　　　　　　　　　　　　　　　　　印

借　主（乙）住所
　　　　　　氏名　　　　　　　　　　　　　　　　　印

連帯保証人　住所
　　　　　　氏名　　　　　　　　　　　　　　　　　印

媒介　　　免許証番号〔　　〕知事・大臣（　　）第　　　号
　業者
代理　　　事務所所在地

　　　　　商　号　（名称）

　　　　　代表者氏名　　　　　　　　　印

　　　　　宅地建物取引主任者　登録番号〔　　〕知事第　　　号
　　　　　　　　　　　　　　　　氏　名　　　　　　　印

○定期賃貸住宅契約についての説明（借地借家法第38条第2項関係）

○年○月○日
定期賃貸住宅契約についての説明

貸　主（甲）住所
　　　　　　氏名　○　○　○　○　印
代　理　人　住所
　　　　　　氏名　○　○　○　○　印

下記住宅について定期建物賃貸借契約を締結するに当たり、借地借家法第38条第2項に基づき、次のとおり説明します。

　下記住宅の賃貸借契約は、更新がなく、期間の満了により賃貸借は終了しますので、期間の満了の日の翌日を始期とする新たな賃貸借契約（再契約）を締結する場合を除き、期間の満了の日までに、下記住宅を明け渡さなければなりません。

記

(1) 住宅	名　　称	
	所在地	
	住戸番号	
(2) 契約期間	始期	年　　月　　日から
	終期	年　　月　　日まで

（契約期間：　年　月間）

上記住宅につきまして、借地借家法第38条第2項に基づく説明を受けました。
　　○年○月○日
　　借　主（乙）住所
　　　　　　　　氏名　○　○　○　○　印

○定期賃貸住宅契約終了についての通知
　　（借地借家法第38条第4項、定期賃貸住宅標準契約書第2条第3項関係）

○年○月○日

定期賃貸住宅契約終了についての通知

（賃借人）住所
　　　　　氏名　○　○　○　○　殿

（賃貸人）住所
　　　　　氏名　○　○　○　○　印

　私が賃貸している下記住宅については、平成　年　月　日に期間の満了により賃貸借が終了します。
　〔なお、本物件については、期間の満了の日の翌日を始期とする新たな賃貸借契約（再契約）を締結する意向があることを申し添えます。〕

記

(1) 住　宅

名　　称	
所在地	
住戸番号	

(2) 契約期間

始期	年	月	日から	年	月間
終期	年	月	日まで		

（注）1　再契約の意向がある場合には、〔　〕書きを記載してください。
　　　2　(1)及び(2)の欄は、それぞれ頭書(1)及び(2)を参考にして記載してください。

（資料7）

資材価格等が掲載されている資料名

【定期刊行物】
「月刊　積算資料」　財団法人　経済調査会
「月刊　建物物価」　財団法人　建物物価調査会

【不定期刊行物】
「積算資料ポケット版マンション」　　財団法人　経済調査会
「積算資料ポケット版リフォーム」　　財団法人　経済調査会
「マンション改修見積」　　　　　　　財団法人　建物物価調査会

（※注意）
　同じ材料等を利用する場合であっても、「新築」と「原状回復」では、価格が異なることがあります。
　例えば、フローリングなどの部材は「坪単位」で販売されることが一般的です。このため、わずか1㎡の修繕であっても、その修繕を行うためには、余分に部材を購入することとなります。
　また、フローリング部材の種類は非常に多く、ある物件の原状回復のために仕入れた部材は、別の物件での原状回復工事には使えないことが一般的です。
　従って、新築時（同じ部材を大量に購入して施工する状況）と比較すると、原状回復時の価格が高くなることが一般的です。

(資料8)

減価償却資産の耐用年数に関する省令（抄）（昭和40年3月31日）（抄）

主な減価償却資産の耐用年数表（不動産所得関係）

建　物

構造・用途	細目	耐用年数	構造・用途	細目	耐用年数
木造・合成樹脂造のもの	事務所用のもの 店舗用・住宅用のもの 飲食店用のもの	24 22 20	金属造のもの	事務所用のもの 　骨格材の肉厚が、 　① 4mmを超えるもの 　② 3mmを超え、4mm以下のもの 　③ 3mm以下のもの 店舗用・住宅用のもの 　骨格材の肉厚が、 　① 4mmを超えるもの 　② 3mmを超え、4mm以下のもの 　③ 3mm以下のもの 飲食店用のもの 　骨格材の肉厚が、 　① 4mmを超えるもの 　② 3mmを超え、4mm以下のもの 　③ 3mm以下のもの	38 30 22 34 27 19 31 25 19
木骨モルタル造のもの	事務所用のもの 店舗用・住宅用のもの 飲食店用のもの	22 20 19	^	^	^
鉄骨鉄筋コンクリート造・鉄筋コンクリート造のもの	事務所用のもの 住宅用のもの 飲食店用のもの 　延面積のうちに占める木造内装部分の面積が30%を超えるもの 　その他のもの 店舗用のもの	50 47 34 41 39	^	^	^
れんが造・石造・ブロック造のもの	事務所用のもの 店舗用・住宅用のもの 飲食店用のもの	41 38 38	^	^	^

建物付属設備

構造・用途	細目	耐用年数	構造・用途	細目	耐用年数
アーケード・日よけ設備	主として金属製のもの その他のもの	15 8	電気設備 （照明設備を含む。）	蓄電池電源設備 その他のもの	6 15
店用簡易装備		3	給排水・衛生設備、ガス設備		15

出典：国税庁HP「耐用年数表について」
　　　https://www.keisan.nta.go.jp/survey/publish/22637/faq/22664/faq_22692.php

(参考)

原状回復ガイドライン検討委員会　委員名簿

(50音順　敬称略)

委員長	升田　純	弁護士　升田純法律事務所
		中央大学法科大学院法務研究科教授
副委員長	犬塚　浩	弁護士　京橋法律事務所
	石原　弘	㈳不動産保証協会理事
	太田　秀也	㈶不動産適正取引推進機構調査研究部
		総括主任研究員
	川口雄一郎	㈳全国賃貸住宅経営協会会長
	熊谷　則一	弁護士　涼風法律事務所
	久保田和志	弁護士　埼玉中央法律事務所
	佐久間　進	㈳日本住宅建設産業協会賃貸管理委員会委員
	澤田　博一	㈲建物診断センター代表取締役
	関　輝夫	㈶日本賃貸住宅管理協会理事
	玉城　恵子	消費生活相談員
	千振　和雄	㈳全国宅地建物取引業協会連合会理事
	坂東　俊秀	国民生活センター相談部

(オブザーバー)
　　　　　　森末　一巳　東京都都市整備局住宅政策推進部
　　　　　　　　　　　　不動産業課

[II]

原状回復をめぐるトラブルとガイドライン
（再改訂版）

解　説

本稿では、「原状回復をめぐるトラブルとガイドライン（再改訂版）」（以下「ガイドライン」といいます）について、今回の再改訂内容を中心に、解説を記載します。
（ガイドライン全体については、ガイドラインの「Q&A」（本書47ページ以降）を参照下さい。）

〈目次〉
1　ガイドラインの再改訂の概要 …………………………………………187
2　ガイドライン再改訂の内容 ……………………………………………189
　(1)　再改訂の概要 ………………………………………………………189
　(2)　再改訂の内容 ………………………………………………………190
　　〈ガイドライン本体〉
　　①　賃貸人・賃借人の負担対象の見直し…190
　　②　契約書に添付する原状回復条件に関する雛形の追加…193
　　③　精算明細書の雛形の追加…195
　　④　その他（チェックリストの見直し等）…195
　　〈その他資料〉
　　Q&A、判例の追加等…196

※　この解説は、財団法人不動産適正取引推進機構総括主任研究員の太田秀也が執筆しています。執筆者は、今回のガイドラインの見直しのために国土交通省において設けられた「原状回復ガイドライン検討委員会」（委員長：升田純　弁護士・中央大学法科大学院法務研究科教授、副委員長：犬塚浩　弁護士）に委員として参加し、この解説の内容は、同委員会の議論等も踏まえ執筆していますが、あくまで執筆者の見解によるものであることを、お断りしていきます。
　（したがって、解説の記述は、正確には「……と考えられます」と記すべき場合についても、わかりやすさ等、執筆の都合上、断定調で記している場合も多くなっていますが、その内容も執筆者の見解であることに留意下さい。）

1　ガイドラインの再改訂の概要

〈国土交通省資料より〉

1．改訂のポイント
(1)　トラブルの未然防止に関する事項について、別表等を追加しました。
(2)　残存価値割合の変更を行いました。
(3)　Q＆A、裁判事例を追加しました。

2．改訂の概要
(1)　原状回復にかかるトラブルの未然防止
　①　賃貸住宅標準契約書との連動を意識とした原状回復条件様式の追加
　　退去時の原状回復にかかるトラブルを未然に防止するためには、契約時に原状回復条件を契約書に添付することにより、賃貸人・賃借人の双方が原状回復に関する条件を合意することが重要です。そのため、契約書に添付する原状回復の条件（賃貸人・賃借人の改善負担分担、賃借人の負担範囲、原状回復工事目安単価等）に関する雛形の様式を追加しました。
　②　原状回復費用精算書様式を追加
　　原状回復にかかるトラブル防止のためには、契約段階（入り口）における賃貸人・賃借人の合意が重要であることと同様に、費用精算（出口）の段階の透明化も重要です。そこで、費用請求の際の精算明細書の雛形を示し、各対象箇所の破損の状態を確認し、原状回復の精算を具体的に実施するようにしました。
　③　特約について
　　賃貸借契約において特約を設ける場合の要件について、現行のガイドラインに記載されている内容が不明確であるとの指摘を受け、最高裁判例やQ＆Aを追加し、特約の有効性・無効性の明確化を図りました。
(2)　税法改正による残存価値割合（10％→1円）の変更
　　ガイドラインにおいては、経過年数による減価割合については、「減価償却資産の耐用年数等に関する省令」を参考にするとされており、償却期間経過後の賃借人の負担が10％となるよう賃借人の負担を決定してきまし

たが、19年の税制改正によって残存価値が廃止され、耐用年数経過時に残存簿価が1円まで償却できるようになりました。このため、ガイドラインにおける経過年数の考慮も、税制改正に従った形で改訂しました。

(3) Q＆A、裁判事例の追加
　① Q＆Aの追加
　　ガイドラインの運用等においてこれまでによくある質問として、具体的事項のQ＆Aを追加しました。
　例）Q　賃貸借契約にクリーニング特約が付いていたために、契約が終了して退去する際に一定の金額を敷金から差し引かれました。このような特約は有効ですか。
　　　A　クリーニング特約については①賃借人が負担すべき内容・範囲が示されているか、②本来賃借人負担とならない通常損耗分についても負担させるという趣旨及び負担することになる通常損耗の具体的範囲が明記されているか或いは口頭で説明されているか、③費用として妥当か等の点から有効・無効が判断されます。
　　　Q　物件を明け渡した後、賃貸人から原状回復費用の明細が送られてきませんが、明細を請求することはできますか。
　　　A　賃貸人には、敷金から差し引く原状回復費用について説明義務があり、賃借人は賃貸人に対して、明細を請求して説明を求めることができます。
　② 裁判事例の追加
　　前回のガイドライン改訂後に出された主な判例21事例を追加しました。これにより、掲載裁判例数は42事例となりました。

2　ガイドライン再改訂の内容

(1) 再改訂の概要

〈ガイドライン本体〉
① 賃貸人・賃借人の負担対象の見直し（別表１、別表２）
○別表１の見直し内容
　ⅰ　喫煙によるヤニ・臭い
　ⅱ　ペット飼育による損傷・臭い
　ⅲ　キャスター付きのイス等によるフローリングの損傷
　ⅳ　地震等に対する家具転倒防止の措置
　ⅴ　エアコンの内部洗浄
　ⅵ　戸建賃貸住宅の庭に生い茂った雑草
　ⅶ　落書き等の故意による毀損
　ⅷ　鍵の紛失、破損
○別表２の見直し内容
　ⅰ　経過年数の考慮の際の残存価値の見直し
　ⅱ　設備機器の経過年数の考慮の際の耐用年数の明確化
　ⅲ　フローリング張替えの場合の経過年数の考慮の明示
　ⅳ　その他（建具等の経過年数の考慮、喫煙による負担単位）
② 契約書に添付する原状回復条件に関する雛形の追加（別表３）
③ 精算明細書の雛形の追加（別表４）
④ その他
　ⅰ　チェックリストの見直し（交換年月の記載）
　ⅱ　物件・設備の使用上の注意・留意事項の周知の必要性の項目の追加
　ⅲ　原状回復の費用算定の手順のフロー図の追加

〈その他資料〉
　ⅰ　Q＆Aの追加（５問）等
　ⅱ　判例の追加（21事例追加）
　ⅲ　資材価格等の関係資料名の明示

(2) 再改訂の内容

〈ガイドライン本体〉
① 賃貸人・賃借人の負担対象の見直し（別表１、別表２）

○別表１の見直し内容

〔見直しの趣旨・概要〕
　これまでのガイドラインの運用や社会情勢の変化等を踏まえ、基準の見直しや明確化・具体化のため、旧ガイドラインにおいて定められていた基準について、改定したもの（下記のⅰ、ⅱ）、削除したもの（ⅲ）、追加したもの（ⅳ〜ⅷ）となっています。

〔具体的内容〕
　ⅰ　喫煙によるヤニ・臭い　　（改訂）
　　旧ガイドラインでは喫煙自体は通常の使用で用法違反等ではないとされていましたが、喫煙者の減少、喫煙に関する社会情勢等にも鑑み、通常の使用であることを前提するのではなく、汚損がある場合について賃借人の負担となるという趣旨で位置づけ・内容が変更されたものです（AからBへ位置付けの変更）。
　　また喫煙については、ヤニ汚れだけでなく、臭いが付着した場合に原状回復工事が必要となることから、その旨が明記されています。
　　さらに、特に賃貸物件が禁煙とされている場合は、喫煙は用法違反となることが明確化されています（したがって、その場合のヤニ・臭いについての原状回復費用は賃借人の負担となります）。
　ⅱ　ペット飼育による損傷・臭い　　（改訂）
　　ペットの飼育についても、喫煙による臭いと同様、ペットの尿の後始末などが不十分で臭いが付着した場合に原状回復工事が必要になることから、その旨が明記されています。
　　さらに、特に賃貸物件がペット飼育禁止とされている場合は、ペット飼育は用法違反となることが明確化されています（したがって、その場合のキズ・臭いについての原状回復費用は賃借人の負担となります）。

iii　キャスター付きのイス等によるフローリングの損傷　　（削除）

　キャスター付きのイス等によるフローリングのキズ、へこみについては、フローリングやキャスター付きイスが普及していること、実務上も賃借人の負担としているケースも少ないことなども踏まえ、特記する必要性も乏しいことから、削除されたものです。

　なお、キャスター付きのイスを通常に使用した場合でもへこみなどが生じるようなフローリングなどの場合は、使用細則等で使用方法の注意喚起をすることが必要と考えられます（本書9ページ参照）。

iv　地震等に対する家具転倒防止の措置　　（追加）

　地震等に対する家具転倒防止の器具を設置するため壁等にくぎ・ネジで固定した場合に原状回復の問題が生じうることから、そのような措置を講じる場合の方法として、賃貸人に事前に承諾を得る扱いを新たに規定するとともに（この場合に原状回復費用の負担についても取り決めておくことが望ましいと考えられます）、原状回復の問題が生じないくぎ・ネジを使用しない方法（つっぱり棒等）の検討も提案されています。

v　エアコンの内部洗浄　　（追加）

　エアコンの吹き出し口のフィルターなどの清掃は、賃借人が通常の清掃として実施すべきものと考えられますが、エアコンのドラム等の内部洗浄までは、通常の生活において必ず行うとまでは言い切れず、賃借人の管理の範囲を超えていますので、賃貸人の負担である旨が新たに規定されています。ただし、喫煙等による臭い、ヤニ等が付着している場合は、上記iと同様、通常の使用による汚損を超えるものとして、賃貸人の負担ではないとされています。

vi　戸建賃貸住宅の庭に生い茂った雑草　　（追加）

　庭付き戸建賃貸住宅における草取りが行われておらず、庭に雑草が生い茂った状態になった場合は、一般的な庭の管理として行われるべき草取りが適切に行われていなかった賃借人の善管注意義務違反と判断される場合が多いと考えられ、雑草の除去等の原状回復費用が賃借人の負担となる旨が新たに規定されています（本書118ページの事例32参照）。

vii　落書き等の故意による毀損　　（追加）

　落書きなどの賃借人の故意による毀損は、賃借人の負担になることは「原状回復」の定義（本書11ページ）により明らかですが、賃借人に対す

る善管注意義務を注意喚起する意味もあり、その旨が確認的に明記されています。

ⅷ　鍵の紛失、破損による取替え　（追加）

　賃貸物件の鍵（エントランスのカードキー等を含む）の紛失や不適切な使用による破損は、賃借人の過失によるものであり、上記ⅶと同様、賃借人の負担になることは「原状回復」の定義（本書11ページ）により明らかですが、賃借人に対する善管注意義務を注意喚起する意味もあり、その旨が確認的に明記されています。

○別表２の見直し内容

ⅰ　経過年数の考慮の際の残存価値の見直し

　ガイドラインにおいては、経過年数による減価割合については「減価償却資産の耐用年数等に関する省令」等を参考にするとされていますが、平成19年の税制改正によって残存価値が廃止され、耐用年数経過時に残存簿価１円まで償却できることとなったため、それに合わせて、ガイドラインにおける経過年数の考慮も、その内容を反映させて、改訂されたものです。

　したがって、例えばクロスであれば、旧ガイドラインにおいては、１年で15％の減価（〔100％－10％〕÷６年））で経過年数を考慮していましたが、再改訂後のガイドラインによると約16.7％（100％÷６年（残存簿価１円は省略して計算））で経過年数を考慮することとなります。

ⅱ　設備機器の経過年数の考慮の際の耐用年数の明確化

　設備機器については、旧ガイドラインでは一律に耐用年数を８年として経過年数を考慮することとしていましたが、「減価償却資産の耐用年数等に関する省令」において設備機器に応じて耐用年数が定められていることから、その耐用年数を参考に経過年数の考慮をきめ細かくできるように、主な設備について耐用年数が新たに明記されています（なお、明記されていない設備については、同様に、「減価償却資産の耐用年数等に関する省令」の規定あるいは運用を参考に経過年数の考慮を行うこととなります）。

ⅲ　フローリング張替えの場合の経過年数の考慮の明示

　フローリングについての経過年数の考慮については、フローリングの原状回復工事として部分補修が前提とされ、経過年数を考慮しないと規定さ

れていました。しかし、フローリング全体にわたっての毀損により全体の張替えが必要になる場合もときにはあり、その場合には経過年数の考慮をすることが適当と考えられますが、その旨が明記されておらず疑義が生じていた場合もあったため、張り替えた場合には経過年数を考慮する旨が確認的に規定されたものです。

　この際の経過年数の考慮については、建物の耐用年数によることとされていますが、建物の耐用年限の途中でフローリング床の全面張替を行った場合には、張替を行った時点の価値を100％として、当該建物のもともとの耐用年数で、残存価値が１円になるような直線を想定し、賃借人の負担割合を算定することとされています（ガイドライン（再改訂版）に関する意見募集についての国土交通省の考え方の資料より）。

iv　その他
・建具等の経過年数の考慮

　建具等については、経過年数は考慮しないとされていますが、減価償却においては当該賃貸住宅の建物の耐用年数と一体で償却している場合も考えられ、そのような場合には、建具等の経過年数の考慮においても、建物の耐用年数に応じて算定することができることが明記されています。

・喫煙による負担単位

　クロスについての賃借人の負担単位は、㎡単位（あるいは一面分）が原則とされていますが、喫煙等により居室全体においてクロス等がヤニで変色していたり臭いが付着したりしている場合は、居室全体のクリーニングまたは張替費用を賃借人負担とすることも認められる旨が明記されています。

② 契約書に添付する原状回復条件に関する雛形の追加（別表３）
〔趣旨〕

　原状回復にかかるトラブルの未然防止のためには、賃貸借契約締結時において原状回復に関する契約条件について賃貸人・賃借人双方が十分な認識のもとで合意しておくことが重要です。そこで、今回、契約書に添付する原状回復の条件（賃貸人・賃借人の修繕負担分担、賃借人の負担範囲、原状回復工事施工目安単価など）に関する雛型の様式が追加で定められたものです。

〔内容〕
　ア　別表3について
　　別表3の様式は、賃貸住宅契約書における原状回復に関する条項（国土交通省の「賃貸住宅標準契約書」（本書172ページ参照）でいうと第11条の条項）に関しての「原状回復の条件」の細目的な内容を明確化するものとして、契約書に添付する雛型として定められたものです。
　イ　別表3の内容について
- 別表3は、前文とⅠ及びⅡの構成となっています。
- まず、前文では、原状回復条件は、Ⅱで規定する「例外としての特約」が定められない限りは、賃貸住宅の原状回復に関する費用負担の一般原則の考え方によること、すなわち、ガイドラインにおいて定められている原状回復の定義（本書11ページ参照）によることを明記し、その具体的内容として、Ⅰによることが規定されています。
- Ⅰの内容は、ガイドラインの別表1及び別表2（本書23〜30ページ参照）に定められている内容の要約等を規定したもので、賃貸人・賃借人がガイドラインを参照しなくても、ガイドラインの概要がわかるように記載するものです。具体には、「1　賃貸人・賃借人の修繕分担表」がガイドラインの別表1の内容の要約、「2　賃借人の負担単位」が同別表2の内容の要約（加えて経過年数の考慮内容がわかりやすいよう、ガイドラインの図3（本書17ページ参照）も盛り込んでいます）となっています。あわせて、「3　原状回復工事施工目安単価」の欄を設け、原状回復工事を行う必要が生じた場合の費用の目安がイメージできるよう、工事施工単価の目安を記載するものとされています。この施工単価は、一般的な資材・施工価格の単価を定めるものではなく、当該賃貸物件における原状回復工事に関する単価を記載するものとなります。
- Ⅱでは、例外としての特約を設ける場合において、その内容及び理由を記載することとされています。原状回復に関して賃借人に特別の負担を課す特約については、本書8ページでも記されているように、①特約の必要性があり、かつ、暴利的でないなどの客観的、合理的理由が存在すること、②賃借人が特約によって通常の原状回

復義務を超えた修繕等の義務を負うことについて認識していること、③賃借人が特約による義務負担の意思表示をしていることが要件とされています。それを踏まえ、ここでは、前文及びIで原状回復に関する費用負担の一般原則の考え方を記載した上で、例外的に特別の負担をすることを賃借人が合意するという形で、特約の内容及び理由を記載することとしています（特約の要件の②及び③に留意した記載方法と考えられますが、書面に記載するだけでなく、賃借人に十分説明することも必要と考えられます）。

　この記載例としては、本文（本書7ページ）において、「クロス張替費用（居室内でのペット飼育を認めるため）」という内容が示されていますが、上記のような特約の要件として①を満たす必要がありますので、如何に契約書に記載し、説明しても、その内容が合理的なものでなければ、公序良俗違反あるいは消費者契約法違反として無効となる場合があることにも十分留意が必要です。

③　精算明細書の雛形の追加（別表4）

〔趣旨〕

　原状回復にかかるトラブルの防止のためには、上記②の契約段階（「入口」段階）における賃貸人・賃借人双方の十分な合意が重要であることと同様に、「出口」の費用精算の段階の透明化等が重要です（費用請求に際して全体の請求額しか示されなかったりすることでトラブルになるケースが見受けられます）。そこで、費用請求をするに際しての精算明細書の雛型の様式が追加で定められたものです。

〔内容〕

　精算明細書においては、入退去時のチェックリスト（本書5ページ参照）に応じて、対象個所の部位ごとに、修繕等の内容、その原状回復工事費用、経過年数の考慮の算定によって、賃借人の負担額を明記することとされています（なお、賃貸人の負担額も明記することで負担分担がわかりやすいので、賃貸人負担額も明記することとされています）。

④　その他

　i　チェックリストの見直し（交換年月の追加）

賃借人の負担を算定する上で、経過年数の考慮をする際には、設備等の退去時における経過年数を把握しておくことが必要であり、補修・交換の時期について履歴として残しておくことが重要なため、チェックリストに「交換年月」の項目が追加されたものです。

ⅱ　物件・設備の使用上の注意・留意事項の周知の必要性の項目の追加

原状回復にかかるトラブルの防止のためには、賃借人においても用法の順守、物件の日常的な手入れや清掃等の配慮（善管注意義務）をすることが必要であり、その旨の注意を喚起することも有効と考えられ、また物件の状況や設備の内容によって使用上の注事事項がある場合（例えば壁等が古くなって脆くなっている場合などの注意喚起）は注意喚起も必要と考えられることから、そのような周知の必要性について新たな項目として明記されたものです。

ⅲ　原状回復の費用算定の手順のフロー図の追加

原状回復の費用の算定が、どのような段取りで行われるか明確になると、賃貸人・賃借人の調整が円滑に行われることに資すると考えられることから、算定の手順がフロー図で簡明に示されたところです。

〈その他資料〉

ⅰ　Q＆Aの追加（5問）等

ガイドラインの運用等においてこれまでによくある質問として、具体的な事項のQ＆Aが新たに5問追加されています。あわせて、既存のQ＆Aの見直しも行われています。

ⅱ　判例の追加（21事例追加）

特約の有効性等に関する判例を含め、前回のガイドライン改訂後において出された主な判例が21事例追加されています。

なお、その他の原状回復に関する裁判例については、「Ⅲ　参考資料」2を参照ください。

ⅲ　資材価格等の関係資料名の明示

原状回復費用の目安がわかるよう、資材価格等の関係資料名が示されています。なお、注記されているようにあくまで目安として参考になるものであることに留意が必要です。

[Ⅲ]

参考資料

1 新旧対照表（別表1・別表2）…198
2 原状回復裁判例…210

【参考資料1】
〈別表1、別表2の新旧対照表〉（~~○○~~が削除、◯◯が追加）

別表1　毀損の事例区分（部位別）一覧表　（通常、一般的

区分 部位	A(+G) [次の入居者を確保するための化粧直し、グレードアップの要素があるもの]	A [賃借人が通常の住まい方、使い方をしていても発生すると考
床 （畳、 フローリング、 カーペットなど）	●畳の裏返し、表替え（特に破損等していないが、次の入居者確保のために行うもの） (考え方)入居者入れ替わりによる物件の維持管理上の問題であり、賃貸人の負担とすることが妥当と考えられる。 ●フローリングワックスがけ (考え方)ワックスがけは通常の生活において必ず行うとまでは言い切れず、物件の維持管理の意味合いが強いことから、賃貸人負担とすることが妥当と考えられる。	●家具の設置による床、カーペットのへこみ、設置跡 (考え方)家具保有数が多いという我が国の実状に鑑みその設置は必然的なものであり、設置したことだけによるへこみ、跡は通常の使用による損耗ととらえるのが妥当と考えられる。 ●畳の変色、フローリングの色落ち（日照、建物構造欠陥による雨漏りなどで発生したもの） (考え方)日照は通常の生活で避けられないものであり、また、構造上の欠陥は、賃借人には責任はないと考えられる（賃借人が通知義務を怠った場合を除く）。
壁、天井 （クロスなど）		●タバコのヤニ ~~(考え方)喫煙自体は用法違反、善管注意義務違反にあたらず、クリーニングで除去できる程度のヤニについては、通常の損耗の範囲であると考えられる。ただし、通常のクリーニングでは除去できない程度のヤニは、もはや通常損耗とはいえず、その場合にはA＋(B)に区分されるものと考えられる。~~

な例示)

	B
[えられるもの] A（＋B） [賃借人のその後の手入れ等管理が悪く発生、拡大したと考えられるもの]	[賃借人の使い方次第で発生したりしなかったりするもの（明らかに通常の使用による結果とはいえないもの）]
●カーペットに飲み物等をこぼしたことによるシミ、カビ （考え方）飲み物等をこぼすこと自体は通常の生活の範囲と考えられるが、その後の手入れ不足等で生じたシミ・カビの除去は賃借人の負担により実施するのが妥当と考えられる。 ●冷蔵庫下のサビ跡 （考え方）冷蔵庫に発生したサビが床に付着しても、拭き掃除で除去できる程度であれば通常の生活の範囲と考えられるが、そのサビを放置し、床に汚損等の損害を与えることは、賃借人の善管注意義務違反に該当する場合が多いと考えられる。 ●台所の油汚れ （考え方）使用後の手入れが悪くススや油が付着している場合は、通常の使用による損耗を超えるものと判断されることが多いと考えられる。	●引越作業で生じたひっかきキズ （考え方）賃借人の善管注意義務違反または過失に該当する場合が多いと考えられる。 ●畳やフローリングの色落ち（賃借人の不注意で雨が吹き込んだことなどによるもの） （考え方）賃借人の善管注意義務違反に該当する場合が多いと考えられる。 ●キャスター付きのイス等によるフローリングのキズ、へこみ （考え方）キャスターの転がりによるキズ等の発生は通常予測されることで、賃借人としてはその使用にあたって十分な注意を払う必要があり、発生させた場合は賃借人の善管注意義務違反に該当する場合が多いと考えられる。 ●落書き等の故意による毀損 ●タバコ等のヤニ・臭い （考え方）喫煙等によりクロス等がヤニで変色したり臭いが付着している場合は、通常の使用による汚損を超えるものと判断される場合が多いと考えられる。なお、賃貸物件での喫煙等が禁じられている場合は、用法違反にあたるものと考えられる。

参考資料 ●199

区分 部位	A(+G) [次の入居者を確保するための化粧直し、グレードアップの要素があるもの]	A [賃借人が通常の住まい方、使い方をしていても発生すると考
		●テレビ、冷蔵庫等の後部壁面の黒ずみ（いわゆる電気ヤケ） (考え方)テレビ、冷蔵庫は通常一般的な生活をしていくうえで必需品であり、その使用による電気ヤケは通常の使用ととらえるのが妥当と考えられる。 ●壁に貼ったポスターや絵画の跡 (考え方)壁にポスター等を貼ることによって生じるクロス等の変色は、主に日照などの自然現象によるもので、通常の生活による損耗の範囲であると考えられる。 ●エアコン（賃借人所有）設置による壁のビス穴、跡 (考え方)エアコンについても、テレビ等と同様一般的な生活をしていくうえで必需品になってきており、その設置によって生じたビス穴等は通常の損耗と考えられる。 ●クロスの変色（日照などの自然現象によるもの） (考え方)畳等の変色と同様、日照は通常の生活で避けられないものであると考えられる。

	B
えられるもの〕 A（＋B） 〔賃借人のその後の手入れ等管理が悪く発生、拡大したと考えられるもの〕	〔賃借人の使い方次第で発生したりしなかったりするもの（明らかに通常の使用による結果とはいえないもの）〕
●結露を放置したことにより拡大したカビ、シミ （考え方）結露は建物の構造上の問題であることが多いが、賃借人が結露が発生しているにもかかわらず、賃貸人に通知もせず、かつ、拭き取るなどの手入れを怠り、壁等を腐食させた場合には、通常の使用による損耗を超えると判断されることが多いと考えられる。	●壁等のくぎ穴、ネジ穴（重量物をかけるためにあけたもので、下地ボードの張替が必要な程度のもの） （考え方）重量物の掲示等のためのくぎ、ネジ穴は、画鋲等のものに比べて深く、範囲も広いため、通常の使用による損耗を超えると判断されることが多いと考えられる。なお、地震等に対する家具転倒防止の措置については、予め、賃貸人の承諾、または、くぎやネジを使用しない方法等の検討が考えられる。
●クーラー（賃貸人所有）から水漏れし、賃借人が放置したため壁が腐食 （考え方）クーラー保守は所有者（賃貸人）が実施するべきものであるが、水漏れを放置したり、その後の手入れを怠った場合は、通常の使用による損耗を超えると判断されることが多いと考えられる。	●クーラー（賃借人所有）から水漏れし、放置したため壁が腐食 （考え方）クーラーの保守は所有者（この場合賃借人）が実施すべきであり、それを怠った結果、壁等を腐食させた場合には、善管注意義務違反と判断されることが多いと考えられる。
	●天井に直接つけた照明器具の跡 （考え方）あらかじめ設置された照明器具用コンセントを使用しなかった場合には、通常の使用による損耗を超えると判断されることが多いと考えられる。
	●落書き等の故意による毀損

区分 部位	A(+G) [次の入居者を確保するための化粧直し、グレードアップの要素があるもの]	A 〔賃借人が通常の住まい方、使い方をしていても発生すると考
建具 (襖、柱など)	●網戸の張替え（破損等はしていないが次の入居者確保のために行うもの） (考え方)入居者入れ替わりによる物件の維持管理上の問題であり、賃貸人の負担とすることが妥当と考えられる。	●壁等の画鋲、ピン等の穴（下地ボードの張替えは不要な程度のもの） (考え方)ポスターやカレンダー等の掲示は、通常の生活において行われる範疇のものであり、そのために使用した画鋲、ピン等の穴は、通常の損耗と考えられる。 ●地震で破損したガラス (考え方)自然災害による損傷であり、賃借人には責任はないと考えられる。 ●網入りガラスの亀裂（構造により自然に発生したもの） (考え方)ガラスの加工処理の問題で亀裂が自然に発生した場合は、賃借人には責任はないと考えられる。
設備、その他 (鍵など)	●全体のハウスクリーニング（専門業者による） (考え方)賃借人が通常の清掃（具体的には、ゴミの撤去、掃き掃除、拭き掃除、水回り、換気扇、レンジ回りの油汚れの除去等）を実施している場合は次の入居者確保のためのものであり、賃貸人負担とすることが妥当と考えられる。 ●エアコンの内部洗浄 (考え方)喫煙等による臭い等が付着していない限り、通常の生活において必ず行うとまでは言い切れず、賃借人の管理の範囲を超えているので、賃貸人負担とすることが妥当と考えられる。	●鍵の取替え（破損、鍵紛失のない場合） (考え方)入居者の入れ替わりによる物件管理上の問題であり、賃貸人の負担とすることが妥当と考えられる。 ●設備機器の故障、使用不能（機器の耐用年限到来寿命によるもの） (考え方)経年劣化による自然損耗であり、賃借人に責任はないと考えられる。

	B
えられるもの] A（＋B） ［賃借人のその後の手入れ等管理が悪く発生、拡大したと考えられるもの］	［賃借人の使い方次第で発生したりしなかったりするもの（明らかに通常の使用による結果とはいえないもの）］
●ガスコンロ置き場、換気扇等の油汚れ、すす （考え方）使用期間中に、その清掃・手入れを怠った結果汚損が生じた場合は、賃借人の善管注意義務違反に該当すると判断されることが多いと考えられる。 ●風呂、トイレ、洗面台の水垢、カビ等 （考え方）使用期間中に、その清掃・手入れを怠った結果汚損が生じた場合は、賃借人の善管注意義務違反に該当すると判断されることが多いと考えられる。	●飼育ペットによる柱等のキズ・臭い （考え方）特に、共同住宅におけるペット飼育は未だ一般的ではなく、ペットの躾や尿の後始末などの問題でもあることから、ペットにより柱、クロス等にキズが付いたり臭いが付着している場合は賃借人負担と判断される場合が多いと考えられる。なお、賃貸物件でのペットの飼育が禁じられている場合は、用法違反にあたるものと考えられる。 ●落書き等の故意による毀損 ●日常の不適切な手入れもしくは用法違反による設備の毀損 （考え方）賃借人の善管注意義務違反に該当すると判断されることが多いと考えられる。 ●鍵の紛失、破損による取替え （考え方）鍵の紛失や不適切な使用による破損は、賃借人負担と判断される場合が多いものと考えられる。 ●戸建賃貸住宅の庭に生い茂った雑草 （考え方）草取りが適切に行われていない場合は、賃借人の善管注意義務違反に該当すると判断される場合が多いと考えられる。

部位＼区分	A
	〔賃借人が通常の住まい方、使い方をしていても発生すると考
	A（＋G）
	［次の入居者を確保するための化粧直し、グレードアップの要素があるもの］
	●消毒（台所、トイレ） (考え方)消毒は日常の清掃と異なり、賃借人の管理の範囲を超えているので、賃貸人負担とすることが妥当と考えられる。 ●浴槽、風呂釜等の取替え（破損等はしていないが、次の入居者確保のため行うもの） (考え方)物件の維持管理上の問題であり、賃貸人負担とするのが妥当と考えられる。

＊事例は主に発生すると考えられる部位でまとめている（以下同じ）。

	B
えられるもの〕 A（＋B） 〔賃借人のその後の手入れ等管理が悪く発生、拡大したと考えられるもの〕	〔賃借人の使い方次第で発生したりしなかったりするもの（明らかに通常の使用による結果とはいえないもの）〕

別表2　賃借人の原状回復義務負担一覧表

	賃借人の原状回復義務	工事施工単位（実体）
基本的な考え方	・賃借人の居住・使用により発生した建物価値の減少のうち、賃借人の故意・過失、善管注意義務違反、その他通常の使用を超えるような使用による損耗等を復旧すること。	
床 （畳、フローリング、カーペットなど）	・毀損部分の補修	・畳：最低1枚単位 　　色合わせを行う場合は当該居室の畳枚数 ・カーペット、クッションフロア 　：1部屋単位 　　洗浄等で落ちない汚れ、キズの場合 　　は当該居室全体 ・フローリング：最低㎡単位
壁、天井 （クロスなど）	・毀損部分の補修	・壁（クロス）：最低㎡単位 　　色、模様あわせを行う場合は当該面または居室全体 ＊タバコ等のヤニや臭いの場合は、クリーニングまたは張替え（部分補修困難）
建具 （襖、柱など）	・毀損部分の補修	・襖：最低1枚単位 　　色、模様あわせを行う場合は当該居室全体の枚数 ・柱：最低1本単位

賃借人の負担単位等	経過年数の考慮等
・可能な限り毀損部分の補修費用相当分となるよう限定的なものとする。この場合、補修工事が最低限可能な施工単位を基本とする。いわゆる模様あわせ、色あわせについては、賃借人の負担とはしない。	・財産的価値の復元という観点から、毀損等を与えた部位や設備の経過年数によって、負担割合は変化する。 ・具体的には、経過年数が多いほど賃借人の負担割合が小さくなるようにする。 ・最終残存価値は ~~当初価値の10%~~ 1円とし、賃借人の負担割合は最低 ~~10%~~ 1円となる。
・畳：原則1枚単位 　毀損等が複数枚にわたる場合は、その枚数（裏返しか表替えかは毀損の程度による） ・カーペット、クッションフロア： 　毀損等が複数箇所にわたる場合は当該居室全体 ・フローリング：原則㎡単位 　毀損等が複数箇所にわたる場合は当該居室全体	（畳表） ・消耗品に近いものであり、減価償却資産になじまないので、経過年数は考慮しない。 （畳床、カーペット、クッションフロア） ・6年で残存価値 ~~10%~~ 1円となるような直線（または曲線）を想定し、負担割合を算定する。 （フローリング） ・経過年数は考慮しない。ただし、フローリング全体にわたっての毀損によりフローリング床全体を張り替えた場合は、当該建物の耐用年数（参考資料の資料7参照）で残存価値1円となるような直線を想定し、負担割合を算定する。
・壁（クロス）：㎡単位が望ましいが、賃借人が毀損させた箇所を含む一面分までは張替え費用を賃借人負担としてもやむをえないとする。 ＊タバコ等のヤニや臭い 　~~クリーニングで済む程度のヤニは、通常の使用による損耗であり、賃借人の負担はないものとし、張替えが必要な程度に汚損している~~ 喫煙等により当該居室全体においてクロス等がヤニで変色したり臭いが付着した場合のみ、当該居室全体のクリーニングまたは張替費用を賃借人負担とすることが妥当と考えられる。	（壁〔クロス〕） ・6年で残存価値 ~~10%~~ 1円となるような直線（または曲線）を想定し、負担割合を算定する。
・襖：1枚単位 ・柱：1本単位	（襖紙、障子紙） ・消耗品であり、減価償却資産とならないので、経過年数は考慮しない。 （襖、障子等の建具部分、柱） ・経過年数は考慮しない。（考慮する場合は当該建物の耐用年数で残存価値1円となるような直線を想定し、負担割合を算定する。）

	賃借人の原状回復義務	工事施工単位（実体）
設備、その他 （鍵、クリーニングなど）	・設備の補修 ・鍵の返却 ・通常の清掃（ゴミ撤去、掃き掃除、拭き掃除、水回り清掃、換気扇やレンジ回りの油汚れの除去）	・設備機器：部分的補修、交換 ・鍵：紛失の場合はシリンダーの交換 ・クリーニング：専門業者による部位ごともしくは全体のクリーニング（いわゆるハウスクリーニング）

賃借人の負担単位等	経過年数の考慮等
・設備機器：補修部分、交換相当費用 ・鍵：紛失の場合はシリンダーの交換 ・クリーニング：部位ごともしくは住戸全体	（設備機器） ・~~8年~~耐用年数経過時点で残存価値~~10%~~1円となるような直線（または曲線）を想定し、負担割合を算定する（新品交換の場合も同じ）。 【主な設備の耐用年数】 ●耐用年数5年のもの 　・流し台 ●耐用年数6年のもの 　・冷房用、暖房用機器（エアコン、ルームクーラー、ストーブ等） 　・電気冷蔵庫、ガス機器（ガスレンジ） 　・インターホン ●耐用年数8年のもの 　・主として金属製以外の家具（書棚、たんす、戸棚、茶ダンス） ●耐用年数15年のもの 　・便器、洗面台等の給排水・衛生設備 　・主として金属製の器具・備品 ●当該建物の耐用年数が適用されるもの 　・ユニットバス、浴槽、下駄箱（建物に固着して一体不可分なもの） ・鍵の紛失は、経過年数は考慮しない。交換費用相当分を全額賃借人負担とする。 ・クリーニングについて、経過年数は考慮しない。賃借人負担となるのは、通常の清掃を実施していない場合で、部位もしくは住戸全体の清掃費用相当分を全額賃借人負担とする。

【参考資料２】
原状回復裁判例（居住用）（前回改定作業後の裁判例（平成15年以降））

※各裁判例について事例の分類を括弧書きで簡単に記載している（【特約】は原状回復特約に係る事例、●は特約差止に係る事例である）。
※〔事例○〕はガイドライン収録の裁判例。「裁判所web」は裁判所ウエブサイト、「ＷＬ」はウエストロー・ジャパン、「ＬＬＩ」は判例秘書。また「国セン」は国民生活センター資料（同センターHP）、「消費ニュ」は消費者法ニュースであるが、同資料中には判決文全文は掲載されていない。

○大阪地判平15年６月30日ＷＬ【特約】（通常損耗補修特約無効〔公序良俗違反〕〔特定優良賃貸住宅〕）
　通常損耗補修特約が、自然損耗等を基準の名の下に網羅的、画一的、広範囲に賃借人の負担に含めてしまう機能を有しているもので、賃借人が特約を承諾したものとも考え難く、公共性の強い特優賃法及び公庫法の規定や趣旨に反することなどから、公序良俗に反するものとして、無効とされた事例

○大阪地判平15年７月18日ＷＬ【特約】（通常損耗補修特約有効〔公序良俗に違反しない〕〔特定優良賃貸住宅〕）
　〈大阪高判平16年７月30日の原審〉
　通常損耗補修特約が、有効に成立しており、特優賃法に違反するということはできない上、公序良俗に反し無効であるということもできないとされた事例

○大阪簡判平15年10月16日ＷＬ【特約】（敷引特約無効）
　敷引特約が、契約書及び重要事項説明書に敷引金額が記載されているだけで、その趣旨や内容は明示されておらず、契約締結にさいし、口頭でその説明があったことも伺われないこと、保証金の75パーセントもの敷引であること、入居期間の長短にかかわらず一律に敷引きをすること等を理由に、消費者契約法10条により無効であるとされた事例

○大阪地判平15年11月21日判時1853号99頁【特約】（通常損耗補修特約不成立、

鍵交換〔特定優良賃貸住宅〕）
・通常損耗補修特約が、賃貸借契約書等を契約締結の当日に交付し、一通り読み上げて説明しても、そのような形式的手続の履践のみをもって、賃借人が特約の趣旨を理解し、自由な意思に基づいてこれに同意したと認めることはできないとして、成立していないとされた事例
・賃借人の責に帰することのできない玄関鍵の取替を賃借人負担とすることはできないとした事例

○名古屋簡判平16年1月30日裁判所web【特約】（通常損耗補修特約（条例等）有効〔公営住宅〕）
公営住宅の原状回復において、通常の使用による損耗、汚損は、賃料によってカバーされるものであるとする賃借人の主張を認めず、条例による賃借人の負担を認めた事例

○大津地判平16年2月24日〔事例22〕【特約】（通常損耗補修特約不成立）
修繕費負担特約が、契約締結時に具体的に説明がなく、成立していないとされた事例

○京都地判平16年3月16日ＷＬ【特約】（通常損耗補修特約無効）
〈大阪高判平16年12月17日の原審〉
自然損耗等による原状回復費用を賃借人に負担させる特約は、賃貸借契約の締結にあたって予想することが困難な費用を負担をさせるものであること等を理由に、消費者契約法10条により無効であるとされた事例

○大阪高判平16年5月27日判時1877号73頁【特約】（通常損耗補修特約有効〔公序良俗に違反しない〕〔特定優良賃貸住宅〕）
〈最判平17年12月16日の原審〉
通常損耗補修特約が、賃料に含めて徴収する方法と較べてむしろ合理的であり、賃借人の予測可能性という観点からも賃借人に不当に不利益な負担であるといえず、さらに、特約により控除された補修費用は不当に不利益な負担であるといえないとして、公序良俗に違反しないとされた事例

○京都地判平16年6月11日WL【特約】（通常損耗補修特約無効、費用負担の合意の成立の有無）〈大阪高判平17年1月28日の原審〉
・自然損耗を含めて原状回復義務を賃借人に負担させる特約が、原状回復の要否の判断を専ら賃貸人に委ねている点、賃借人において負担すべき金額を予想することが著しく困難である点、賃貸借契約書の契約条項の変更を求めるような交渉力は有していないことから、一時金の授受がなく、賃料が比較的低額であることを考慮しても、消費者契約法により無効とされた事例
・貸室明渡時に精算書及び修理明細書が示されていても、賃貸人による一方的な通知に過ぎず、同書面のみをもって、貸室明渡時に原状回復費用負担について合意が成立したとはいえないとした事例

○東京地判平16年7月16日WL【特約】（クリーニング特約、クリーニング費用、網入りガラス取替え費用）
・ペット飼育による汚損等に伴う室内クリーニング費用の負担特約の成立を認めた事例
・賃借人・賃貸人等の見積書を勘案して賃借人の負担すべきクリーニング費用を決定した事例
・網入りガラスの損傷の原因が熱割れによるひび割れとは認め難いとして、網入りガラスの取替え費用を賃借人の負担費用とした事例

○大阪高判平16年7月30日判時1877号81頁【特約】（通常損耗補修特約無効〔公序良俗違反〕、クリーニング費用、フローリング傷〔特定優良賃貸住宅〕）〈大阪地判平15年7月18日の控訴審〉
・通常損耗補修特約が、特優賃法の規制を著しく逸脱する等から、公序良俗に違反し無効とされた事例
・全室ホームクリーニングは、入居後短期間で退去する場合を除き、次の入居者のために一律に実施するものであり、通常の使用による汚れを含めて実施するものと考えられる上、賃借人が退去に当たり清掃をしなかったために特に多額のクリーニングを要したなどの立証もないから、賃借人の負担すべき費用に当たらないとした事例
・床フローリングのキズは、日常の使用により床にキズが入るのはやむを得ない面があるとして、賃借人の負担ではないとした事例

○神戸地判平16年９月９日ＷＬ【特約】（通常損耗補修特約不成立、各種の傷・汚れ、清掃等）〔特定優良賃貸住宅〕
・通常損耗補修特約が、本件特約について十分説明したことは認められないことから、成立したとは認められないとされた事例
・残存価値より修理費用が過分にかかる例外的場合においては、その修理費用を負担させるのは不合理である旨、クロス糊付け補修で足り、クロスを全て張り替えるべき補修義務はない旨、クロスの落書きの跡について張替え補修の際に残存価値分のクロスを調達することは不可能であり、新品との差額を補修義務を負担する者が負担しないというのは不公平である旨、清掃をして汚れを落とすべき義務を負担するのは、その汚れが通常使用によってではなく、故意又は過失によって生じた場合である旨、フックの撤去跡のような軽微なものについてまで原状回復義務はない旨などを判示した事例

○東京簡判平16年10月26日裁判所web【特約】（クリーニング特約不成立）
　クリーニング特約を例示的な条項として成立していないとした事例

○東京簡判平16年10月29日裁判所web【特約】（クリーニング特約不成立）
　クリーニング特約について合理的解釈が必要で特約として効力を有しないとした事例

○佐世保簡判平16年11月19日国セン【特約】（敷引特約無効）
　契約締結時に十分な説明がないまま、敷金４か月分のうち一律に3.5か月分の敷引を行う旨の本件敷引特約は、消費者契約法第10条に反するとした事例

○神戸簡判平16年11月30日国セン【特約】（敷引特約有効）
　賃貸契約終了時には賃借人から預託を受けた保証金から一定額を控除した残額を返還する旨の特約は、消費者契約法10条に反しないとした事例

○大阪高判平16年12月17日判時1894号19頁【特約】（通常損耗補修特約無効）
　〈京都地判平16年３月16日の控訴審〉
　自然損耗等による原状回復費用を賃借人に負担させる特約が、公序良俗違反ではないが、賃貸人が一方的に通知した場合に原状回復義務が発生する態様

となっており、また、自然損耗等についての原状回復の内容や費用等について適切な情報が提供されたとはいえないこと等を理由に、消費者契約法10条により無効であるとされた事例

○大阪高判平17年1月28日ＷＬ【特約】（通常損耗補修特約無効）
〈京都地判平16年6月11日の控訴審〉
　自然損耗を含めて原状回復義務を賃借人に負担させる特約が、自然損耗については賃借人に善管注意義務違反が生ずることはないから原状回復義務が生ずるものではないこと、自然損耗分の原状回復費用を含ませないで賃料を定めたといっても賃借人に有利であるということはできないこと等も理由に、消費者契約法により無効とされた事例

○堺簡判平17年2月17日ＷＬ【特約】（敷引特約無効）
　敷引特約が、敷金の約83パーセントを控除するもので賃借人にとって不当に不利であること、敷引条項を削除等して契約を締結することは事実上極めて困難であることから、消費者契約法10条により無効とされた事例

○伊丹簡判平17年2月23日ＷＬ【特約】（通常損耗補修特約不成立、減価償却資産の考え方による賃借人の負担額の決定）
・通常損耗補修特約が、賃貸人が特約について十分に説明したとは認められず、賃借人が特約の趣旨を認識し又は認識し得べくして義務負担の意思表示をしたものとは認めるに足りないから、成立したものとみることはできないとされた事例
・クロスについて減価償却資産の考え方を取り入れる一方、網戸張替等クロス以外については消耗品としての性格が強いとして減価償却資産の考え方を取り入れることにはなじまないとして、賃借人の負担すべき額を認定した事例

○東京簡判平17年3月1日裁判所 web【特約】（クリーニング特約不成立）
　クリーニング特約を例示的な条項として効力を有しないとした事例

○佐野簡判平17年3月25日国セン【特約】（通常損耗補修特約無効）
　自然損耗分の修繕まで賃借人の負担とする修繕特約が、賃借人の意思を欠き

無効であり、また、消費者契約法10条によっても無効であるとされた事例

○大阪地判平17年4月20日ＷＬ【特約】（敷引特約一部無効、クリーニング費用）
・敷引特約が、関西とりわけ京阪神地方における慣行から必ずしも不当とはいえず、保証金（敷金）の額、敷引の額、賃料額、賃貸物件の広さ、賃貸借契約期間などを総合考慮して、敷引額が適正額の範囲内では本件敷引特約は有効であり、その適正額を超える部分につき無効となるとし、本件では通常損耗分の補償額として必要な額は保証金の2割とし、それを超える部分は消費者契約法10条により無効とされた事例
・賃借人の飼っていた猫の餌が少しばかりこぼれていても、ほうきなどで掃除をすれば済む程度であったことから、業者による一般クリーニング費用について賃借人が負担すべきものとは言えないとした事例

○東京地判平17年4月25日ＷＬ【特約】（原状回復特約限定解釈、クリーニング費用等）
原状回復特約について合理的意思を推認して判断するとし、ハウスクリーニング代等について限定して認めた事例

○千葉地判平17年5月19日ＷＬ【特約】（通常損耗補修特約有効、台所の換気扇・レンジフードの油汚れ、浴室ドアの桟、浴槽内部の汚れ等）〔特定優良賃貸住宅〕
・通常損耗の原状回復義務を賃借人に負担させる特約が、公序良俗に反せず、消費者契約法により無効といえないとされた事例
・台所の換気扇、レンジフード及び壁の汚れは、定期的に掃除を行っても、長期間使用していれば、ある程度油性の汚れが残ることは避けられないことから通常損耗とし、また浴室のドアの桟の汚れ、浴槽の内部の汚れについても、賃借期間の長さをも考え合わせると、通常損耗とした事例

○神戸地判平17年7月14日判時1901号87頁【特約】（敷引特約無効）
敷引特約が、正当な理由を見いだすことはできないこと、賃借人の交渉によって排除させることは困難であることを理由に、消費者契約法により無効と

された事例

○枚方簡判平17年10月14日〔事例23〕(消費ニュ66号207頁)【特約】
　(敷引特約、建物のカビ、鍵交換)
・敷引特約が、賃貸人の有利な地位に基づき、一方的に賃借人に不利な特約として締結されたものであるとして、消費者契約法10条により無効であるとされた事例
・賃借人は見えるところの結露は拭いており、カビの発生に賃借人の過失はないとした事例
・鍵交換代は賃借人には負担義務のない費用であるとした事例

○明石簡判平17年11月28日ＷＬ【特約】(敷引特約無効)
　敷引特約が、敷引金が敷金の約71.4パーセントに及ぶものであること、合理性を認め難いこと等を理由に、消費者契約法により無効とされた事例

○東京簡判平17年11月29日裁判所web【特約】(通常損耗補修特約無効、立会合意書、壁等のカビによる汚損)
・自然損耗等の原状回復義務を借主に負担させる特約が、借主に二重の負担を強いること、貸主の判断により原状回復費用が発生する態様となっていることを理由に、消費者契約法10条により無効とされた事例
・引渡立会負担区分合意書があっても原状回復に関する費用負担の合意がされたとは認められないとされた事例
・壁等のカビによる汚損について、いわゆる居抜きの状態で入居したものであり、その後改装工事もなされないまま8年間使用し続けてきたこと等に照らし、賃借人の故意・過失等によるものと推認することはできず、賃借人が費用負担すべきものではないとされた事例

○最判平17年12月16日判タ1200号127頁〔事例24〕【特約】(通常損耗補修特約不成立)〈大阪高判平16年5月27日の上告審〉
　通常損耗補修特約が、契約書において通常損耗補修特約の内容が具体的に明記されているということはできないこと等から、賃借人が契約を締結するに当たり、通常損耗補修特約を認識し、これを合意の内容としたものというこ

とはできないことを理由に、成立していないとされた事例

○京都地判平18年11月8日裁判所web【特約】（敷引特約無効）
　敷引特約が、敷引の合理的理由がなく、敷引率が約85.7パーセント（月額賃料の約4.2か月分）にのぼることを理由に、消費者契約法10条により無効とされた事例

○東京地判平19年1月26日ＷＬ【特約】（通常損耗補修特約（クリーニング特約を含む）不成立）
　通常損耗補修特約（クリーニング特約を含む）が、具体的に明記されておらず、明確な説明もなかったこと等から、成立していないとされた事例

○西宮簡判平19年2月6日〔事例25〕（消費ニュ72号211頁）【特約】
　（敷引特約無効、洗面台の線状の傷）
・敷引特約が、敷引金が敷金の約62.5％、毎月の賃料の約3.7倍であること、賃貸借契約期間の長短、損害の有無等にかかわらず無条件で当然に差し引かれるものであることを理由に、消費者契約法10条により無効であるとされた事例
・洗面台の傷について賃借人の過失等によるものでなく賃借人負担ではないとされた事例

○大阪地判平19年3月30日判タ1273号221頁【特約】（敷引特約一部無効）
　敷引特約について賃料の減額分に対応する敷引額については認めたが、他の敷引額については合理的理由がない、負担について合意がない、あるいは二重の負担となることを理由に、消費者契約法10条により無効とされた事例

○京都地判平19年4月20日裁判所web【特約】（敷引特約無効）
　敷引特約が、賃借人に二重の負担を課すことになること、賃借人が交渉により排除することは困難であること、敷金の85％を超える金額を控除するものであることを理由に、消費者契約法10条により無効とされた事例

○川口簡判平19年5月29日〔事例26〕（畳の汚破損、クロスのカビ）

- タバコのヤニは、長期間賃借していた時間の経過に伴って生じた自然の損耗・汚損とした事例
- カビの発生は賃借人の手入れに問題があった結果であるが、経過年数を考慮するとクロスの張替えに賃借人が負担すべき費用はないとした事例

○京都地判平19年6月1日〔事例27〕【特約】（通常損耗補修特約無効）
　通常損耗補修特約が消費者契約法10条により無効とされた事例

○東京地判平19年7月25日ＷＬ（クロス張替等の内装工事、クリーニング等）
　クロス張替等の内装工事、クリーニング等の種々の原状回復工事費用についての賃貸人の請求が、新たな賃借人を募集する目的で新築同然に感じるようにするために行ってきたリフォームと同様の工事か又は経年劣化によって必要となった部品交換工事ではないかとの疑問を否定することができないこと、証拠が不十分であること等を理由に否定された事例

○東京地判平19年8月24日ＷＬ（ハウスクリーニング費用、エアコン取替え費用）
　ハウスクリーニングに要した費用及びエアコン取替えに要した費用が賃借人の負担ではないとされた事例

○奈良地判平19年11月9日〔事例28〕【特約】（敷引特約無効）
　敷引特約が、賃借人に二重の負担を課すことになり、同特約が敷金の50％を控除するものであることを理由に、消費者契約法10条により無効とされた事例

○大阪地判平19年11月7日判時2025号96頁【特約】（敷引特約一部有効）
　【グループホームの事案】
　グループホームの利用契約における敷引特約が、無効とは言えないが、施設利用に伴う居室の損耗等による損害の填補の趣旨で交わされたものといえること、利用期間が短かったこと等の事実を総合すると、四分の一のみの敷引を認めるのが相当であるとされた事例

○東京地判平19年11月29日ＷＬ（喫煙によるヤニ、クロス張替、クリーニング費用等）
　喫煙によるヤニや賃借人の過失行為、善管注意義務違反等を理由に、壁・天井クロス張替費用、床フローリングのタバコの焼け跡等修理費用、天井換気扇のクリーニング費用、エアコンクリーニング費用、基本清掃費用等について、賃借人の負担とした事例

○京都地判平20年4月30日判タ1281号316頁【特約】（定額補修分担金特約無効）
　〈大阪高判平20年11月28日の原審〉
　定額補修分担金特約が、賃借人にとって有利であるとまではいえず、かえって、賃借人に月額賃料の約2.5倍の回復費用を一方的に支払わせるもので、しかもその額の妥当性について賃借人に判断する情報がないこと、さらに通常損耗にともなう回復費用について賃料とは別個に賃借人に負担させるものであることを理由に、消費者契約法10条により無効とされた事例

○京都地判平20年7月24日ＷＬ【特約】（定額補修分担金特約無効）
　定額補修分担金特約が、賃借人にとって利益となっているとはいえないこと、分担金の額の具体的な根拠が明らかでなく、賃貸人と交渉してその金額の変更を求めることができたとも考えられないこと、特約の説明を受けたことが認められるとしても賃借人には特約を承諾して賃貸借契約を締結するかしないかの選択肢しかなかったこと等を理由に、消費者契約法10条により無効とされた事例

○京都簡判平20年8月27日〔事例29〕【特約】（敷引特約無効）
　保証金解約引特約が、保証金の8割を解約引するものであることを理由に、消費者契約法10条により無効とされた事例

○京都地判平20年11月26日国セン【特約】（敷引特約有効）
　〈大阪高判平21年6月19日、最判平23年3月24日の一審〉
　敷引特約が、原状回復費用が家賃に含まれていない旨の規定があることが明示されていること、契約締結前に説明を受けていること、礼金等の名目で一

時金の支払いがなされていないこと等を理由に、消費者契約法により無効とはいえないとされた事例

○東京簡判平20年11月27日裁判所web（クロスの傷等）
クロスの傷等の原状回復費用の請求について、賃借人の善管注意義務違反による損耗・毀損であることとする具体的証拠はない等として認めなかった事例

○大阪高判平20年11月28日判時2052号86頁【特約】（定額補修分担金特約無効）
〈京都地判平20年4月30日の控訴審〉
定額補修分担金特約が、分担金額が月額賃料の2.5倍を超えること、入居期間の長短にかかわらず定額補修分担金の返還請求ができないこと、定額補修分担金には通常損耗の原状回復費用が相当程度含まれていると解されること、分担金の他に礼金10万円を支払っていることなどを理由に、消費者契約法10条により無効とされた事例

●京都地判平20年12月21日消費ニュ79号198頁【特約】（敷引特約差止）
敷引条項を含む意思表示を行ってはならないことを内容とする間接強制（義務違反に対する金員支払義務）を認めた事例

○東京地判平21年1月16日ＷＬ〔事例30〕【特約】（通常損耗補修特約不成立・無効、クリーニング特約不成立）
通常損耗補修特約・クリーニング特約が、成立しておらず、仮に成立していても消費者契約法10条により無効とされた事例

○神戸地裁尼崎支判平21年1月21日判時2055号76頁〔事例31〕（減価分の控除、諸経費）
・賃借人が原状回復費用の負担をする際に通常損耗による減価分を控除した残額のみを負担するべきとされた事例
・原状回復の諸経費について賃借人の負担割合で按分して負担すべきとされた事例

○東京地判平21年１月28日ＷＬ（敷金返還債務の遅延損害金の起算日）
　敷金返還債務の遅延損害金の起算日は、賃借人が建物を明け渡した日の翌日となるとした事例

○東京地判平21年２月20日ＷＬ【特約】（クリーニング特約有効）
　賃借人がクリーニング特約を熟知の上で賃貸借契約を締結したとしてクリーニング特約の成立を認めた事例

○大阪高判平21年３月10日ＷＬ【特約】（定額補修分担金特約無効）
　定額補修分担金特約が、分担金額が月額賃料の２倍を超えること、入居期間の長短にかかわらず定額補修分担金の返還請求ができないこと、定額補修分担金には通常損耗の原状回復費用が相当程度含まれていると解されること、分担金の他に礼金15万円を支払っていることなどを理由に、消費者契約法10条により無効とされた事例

○東京地判平21年３月11日ＷＬ【特約】（畳・建具取替費用特約有効、処分費用）
・畳・建具の取替費用の負担は賃貸人・賃借人折半とするという特約が、紛争を回避するために負担割合をあらかじめ約定しておくことも世上多く見られるところであることから、公序良俗に反して無効であるとはいえないとされた事例
・賃借人が残置した動産の処分費用について賃借人の負担とした事例

○東京地判平21年３月19日ＷＬ【特約】（クリーニング特約有効）
・クリーニング特約が、専門業者による室内全体のクリーニング費用は賃借人の負担とする旨、上記クリーニング費用については通常損耗・通常使用による部分を含む旨が明記され、賃借人がその説明を受けていることから、有効に成立しているとされた事例
・原状回復の諸経費について賃借人の負担割合で按分して負担すべきとされた事例

○東京簡判平21年５月８日裁判所web〔事例32〕（庭付き一戸建て住宅におけ

る草取り、松枯れ等)
庭付き一戸建て住宅の賃貸借において、賃借人は植栽の剪定についての善管注意義務はないが、定期的な草取りが適切に行われていなかったこと、庭の植栽の変化について賃貸人等に知らせず松枯れが生じたことについて善管注意義務違反があり、賃借人は庭の修復費用の負担をすべきとされた事例

○東京地判平21年5月11日ＷＬ（流し台の破損・へこみ、畳の損傷・汚れ・カビなど）
約18年間居住の賃貸物件における流し台の破損・へこみ、畳の損傷・汚れ・カビなどについて、通常使用による汚損の程度も考慮して賃借人の費用負担が認定された事例

○東京地判平21年5月21日ＷＬ〔事例33〕【特約】（クリーニング特約有効、タバコのヤニ）
・クリーニング特約が、一義的に明らかであり有効に成立しているとされた事例（あわせて消費者契約法10条により無効とはいえない旨も判示）
・タバコのヤニがクリーニング等によっても除去できない程度に至っていることが認められるとして、賃借人負担とした事例

○名古屋簡判平21年6月4日裁判所web【特約】（敷引特約無効、鍵交換）
・敷引特約が、敷金の全額償却を正当化する合理的理由がないとして、消費者契約法10条により無効とされた事例
・鍵の付け替えは、賃貸人が責任を負っており、鍵交換代を賃借人が負担した場合には、賃貸人は当該費用の返還義務を負うとした事例

○大阪高判平21年6月12日判時2055号72頁〔事例34〕（費用負担算定方法、敷金返還債務の履行時期）
・原状回復費用の賃借人負担の算定に際して経年劣化を考慮することは相当とした事例
・賃貸人は賃貸借終了明渡日の翌日から敷金返還債務の遅滞に陥るとした事例

○大阪高判平21年6月19日ＷＬ【特約】（敷引特約有効）

〈京都地判平20年11月26日、最判平23年3月24日の控訴審〉
　敷引特約が、契約締結に際し特約の存在及び内容を十分告知されていたこと、敷引額が本件建物の場所、専有面積、間取り、設備等からすれば不当に高額とはいえないこと、礼金等の一時金の授受がなされていないこと等を理由に、消費者契約法10条により無効ということはできないとされた事例

○京都地判平21年7月2日WL【特約】（敷引特約無効）
　〈大阪高判平21年12月3日の原審〉
　敷引特約が、当事者の属性に鑑み情報収集力の格差があること、特約について交渉する余地が殆どないこと、解約引額が保証金・賃料に比して高額・高率であること（保証金の87.5パーセント、月額賃料の約4か月分）、さらに特約の趣旨について具体的かつ明確な説明がされていないことを理由に、消費者契約法10条により無効とされた事例

○東京地判平21年7月22日WL〔事例35〕（框戸の取替え、畳張替え、ハウスクリーニング等の費用負担）
　框戸の取替えなど賃貸人の費用請求について、経年以外の部分で賃借人の責に帰する汚損破損はない等とした事例

○京都地判平21年7月23日判タ1316号192頁【特約】（敷引特約無効）
　敷引特約が、保証金、賃料に比して高額かつ高率であること（保証金の約85パーセント、月額賃料の約5か月分）、敷引金の性質に合理的理由は認められず、その趣旨は不明瞭であること、特約の趣旨について具体的かつ明確な説明を受けていたとは認められないことを理由に、消費者契約法10条により無効とされた事例

○東京簡判平21年8月7日裁判所web【特約】（原状回復（クロス張替・フローリングワックスかけ）特約不成立、クリーニング特約有効）
　クロス、フローリングについての原状回復特約は成立していないとしたが、クリーニング特約は有効に成立しているとした事例

○横浜地判平21年9月3日LLI【特約】（敷引特約有効）

敷引特約が、契約書等に明記されている、敷引という方式が賃借人に一方的に不利益をもたらすとはいえない、情報の質及び量、交渉力において大きな格差があったとはいえない、敷引額は賃料の1か月分相当額であり次の賃借人を募集するのに必要な合理的期間の賃料分といえるから空室補償的な性質を有する敷引として不合理であるとはいえないとして、消費者契約法10条により無効とはいえないとされた事例

○東京地判平21年9月18日ＷＬ〔事例36〕【特約】（クリーニング特約有効、鍵交換特約有効）
　クリーニング及び鍵交換特約が、有効に成立しており、消費者契約法により無効とはいえないとされた事例

○京都地判平21年9月25日判タ1317号214頁【特約】（定額補修分担金特約無効）
　定額補修分担金特約が、賃料の3倍以上の額であること、情報及び交渉力の格差があったこと、交換条件的な内容であるということはできないこと等の理由から、消費者契約法10条により無効とされた事例

●京都地判平21年9月30日判時2068号134頁【特約】（定額補修分担金特約差止）
　定額補修分担金特約が、月額家賃の2～4倍で平均して3倍強であること、顕著な情報の質及び量の格差があること、定額補修分担金の額が賃借人に有利に定められることは期待しがたいこと等の理由から、消費者契約法により無効とされ、差止が認められた事例

○東京簡判平21年10月30日裁判所web（建物の明渡し完了時期）
　賃借人が玄関扉の原状回復工事について賃貸人と合意し、原状回復、明渡しについて賃借人としてなすべきことを尽くしていたとして、玄関扉のキズの補修工事が完了していなくても（玄関扉の機能としては何の支障もなかったことから）、賃貸借契約期間終了時点で明渡しが完了したと認めた事例

○東京地判平21年11月13日ＷＬ〔事例37〕（クリーニング費用）

カーペットクリーニング及びハウスクリーニングの費用は、(通常損耗以上の損耗に対する原状回復費用であると認めるに足りる証拠はなく、かつ、通常損耗補償特約が明確に合意されていることを認めるに足りる証拠もないから)次の入居者を確保するための費用として貸主が負担すべきであるとした事例

○大阪高判平21年12月3日国セン【特約】(敷引特約無効)
〈京都地判平21年7月2日の控訴審〉
敷引特約が、合理的な理由がなく、情報、交渉力の格差によって設定されたものと認められる上、その金額が月額賃料の約4か月分にも及ぶ高額なものであることを理由に、消費者契約法10条により無効とされた事例

○大阪高判平21年12月15日国セン【特約】(敷引特約無効)
敷引特約が、何らの合理的な理由が見いだせないこと、被控訴人が敷引の法的性質等を具体的かつ明確に認識した上でこれを受け入れたものではないと認められること、保証金の60％に達し、賃料の3.5か月分にも相当する高率かつ高額な金額を敷き引くという内容であること、交渉力の差がなかったということはできないこと等を理由に、消費者契約法10条により無効とされた事例

○福岡簡判平22年1月29日〔事例38〕【特約】(敷引特約不成立)
敷引特約が、賃借人が特約を認識していても、通常損耗の範囲が契約書に明記されていないこと等から明確に合意されていないことを理由に、成立していないとされた事例

○東京地判平22年2月2日ＷＬ〔事例39〕(フローリング材剥がれ等)〔区民住宅〕
フローリング材剥がれ等の損傷について、11年の入居期間で社会通念上通常の使用により発生した相応の損耗であるとする賃借人の主張を斥け、当該損傷はいずれも通常の使用によって生じたものとはいえないとし、賃借人への費用請求が認められた事例

○東京地判平22年2月22日ＷＬ〔事例40〕【特約】（敷引特約有効、クロス張替費用）
・敷引特約は、合理的な根拠をもたないとしながら、その内容が重要事項説明書、契約書等に明記されていることや、契約締結当時の住宅事情及び情報提供に係る社会状況（相当の供給量、情報をインターネット等を通じて容易に検索できる状況）、敷引額の水準に鑑み、消費者契約法10条により無効とはいえないとした事例
・クロスのはがれ、壁の傷について、賃借人の過失によるものと認め、居室全体のクロス張り替え費用を賃借人が負担すべきとした事例

○大阪高判平22年2月24日ＷＬ【特約】（定額補修分担金特約無効）
　〈京都地判平21年9月25日の控訴審〉
　定額補修分担金特約が、分担金の額が賃料の3倍以上であること、情報及び交渉力の格差があったこと等を理由に、消費者契約法により無効とされた事例

○大阪高判平22年3月11日国セン【特約】（定額補修分担金特約無効）
　定額補修分担金特約無効が、賃借人が受ける不利益が賃貸人が受ける不利益よりはるかに大きいものとして、消費者契約法により無効とされた事例

●大阪高判平22年3月26日消費者庁資料・国セン（定額補修分担金特約差止）
　〈京都地判平21年9月30日の控訴審〉
　定額補修分担金条項は、定額補修分担金の額が賃借人にとって有利な額である場合が観念的にはあり得るとしても、本件における定額補修分担金条項は、信義則に反して消費者を一方的に害する条項であるとされた事例

○さいたま地判平22年3月18日裁判所web【特約】（定額補修費特約）
・定額補修費の合意が、敷金契約と類似する性質を有する金銭預託契約であるとされ、当該定額補修費のうち、ペット飼育にかかる汚損・破損の補修費については通常損耗として負担することが明確に合意されていたものと認められるとされた事例
・定額補修費の合意が、権利金や礼金はなく、ペット飼育の賃料増額は1か月

2000円であるから、消費者契約法10条により無効とはいえないとされた事例

○東京地判平22年6月11日ＷＬ〔事例41〕【特約】（通常損耗補修（タバコヤニ）特約不成立、原状回復補修工事の費用償還、クロスの張替）
・タバコのヤニに関する原状回復特約が有効でないとされた事例
・通常の使用を超える損耗がなく賃借人の原状回復義務がないのに賃借人が補修工事をした場合は、賃借人は費用の償還を賃貸人に請求できるとされた事例
・賃借人の張り替えた壁のクロスが従前貼付されていたメーカーの壁クロスでなくても不適当であるとはいえないとされた事例

○最判平23年3月24日裁判所web〔事例42〕【特約】（敷引特約有効）
　〈京都地判平20年11月26日、大阪高判平21年6月19日の上告審〉
・居住用建物の賃貸借契約に付されたいわゆる敷引特約は、敷引金の額が高額に過ぎるものである場合には、賃料が相場に比して大幅に低額であるなど特段の事情のない限り、消費者契約法10条により無効となるとされた事例
・本件事案における居住用建物の賃貸借契約に付された敷引特約は消費者契約法10条により無効ということはできないとされた事例

〔再改訂版〕

賃貸住宅の原状回復をめぐるトラブル事例とガイドライン
～添付様式等の再改訂内容の解説付き～

1999年 3 月10日　第 1 版第 1 刷発行
2011年 8 月31日　第 3 版第 1 刷発行
2021年11月25日　第 3 版第 5 刷発行

編　著　（一財）不動産適正取引推進機構
　　　　　　（略称　RETIO）

発行者　箕　浦　文　夫
発行所　株式会社 大成出版社

〒156－0042
東京都世田谷区羽根木 1 －7 －11　TEL 03（3321）4131㈹
https://www.taisei-shuppan.co.jp/

©2011　（一財）不動産適正取引推進機構　　印刷　信教印刷
落丁・乱丁はおとりかえいたします。
ISBN978－4－8028－3018－8